Sabrina Mesko Ph.D.H.

MUDRAS DE SANTÉ: Un Yoga pour Vos Mains - Nouvelle édition
Mudras de Santé I. - Pour Votre Corps - édition complète en couleurs
Mudras de Santé II. - Pour Votre Esprit - édition complète en couleurs
Mudras de Santé III. - Pour Votre Âme - édition complète en couleurs

MUDRAS DES CHAKRAS
double DVD

MUDRAS DE POUVOIR
Postures de Yoga des Mains pour les Femmes - Nouvelle édition

Mudras pour la roue du Zodiaque
Mudras pour le Bélier
Mudras pour le Taureau
Mudras pour les Gémeaux
Mudras pour le Cancer
Mudras pour le Lion
Mudras pour la Vierge
Mudras pour la Balance
Mudras pour le Scorpion
Mudras pour le Sagittaire
Mudras pour le Capricorne
Mudras pour le Verseau
Mudras pour les Poissons

MUDRA THERAPIE
Le Yoga des Mains pour la Gestion de la Douleur et Vaincre la Maladie

LE YOGA DE L'ESPRIT
45 Méditations pour la Paix Intérieure, la Prospérité et la Protection

MUDRAS POUR L'AMOUR
Le Yoga des Mains pour Deux

MUDRAS DE SANTÉ

Un Yoga pour Vos Mains

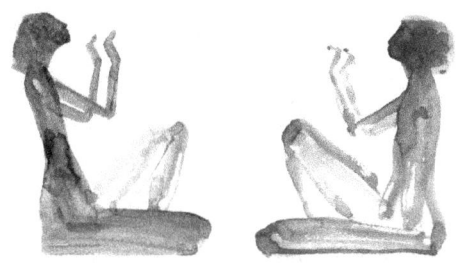

Sabrina Mesko Ph.D.H

Les informations contenues dans ce livre n'ont pas vocation à servir de conseil ou d'avis médical. Si vous souffrez d'un problème de santé ou d'une maladie, consultez un médecin qualifié.

Copyright 1997, 2000, 2013 Sabrina Mesko Ph.D.H.

Un livre de Mudra Hands ™
Publié par les Mudra Hands Publishing

Photographie de Dorothy Low
Illustrations de Kiar Mesko
Composition artistique; stylisme vestimentaire, mise en scène des photographies et mise en beauté par Sabrina Mesko
Photo de couverture de Dorothy Low
Couverture et mise en page intérieure par Sabrina Mesko
Traduction française Maryanne Manneville

ISBN-13: 978-0692045954
ISBN-10: 0692045953

Publié à l'origine par Random House en 2000
Sous le titre *Healing Mudras -Yoga for Your Hands*

Tous droits réservés. Aucune partie de ce livre ne peut être reproduite ou transmise sous aucune forme, ni par aucun moyen qu'il soit électronique ou mécanique, y compris la photocopie, l'enregistrement ou par tout système de stockage et de récupération d'informations, sans l'autorisation écrite préalable de l'Editeur.

Aux meilleurs parents du monde,
Bibi et Kiar

TABLE DES MATIERES

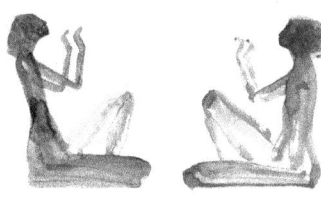

Introduction	17
L'Histoire et l'Art des MUDRAS	19
La Pratique des Mudras	22
Instructions pour la Pratique	22
La Méditation	23
La Respiration	24
La Concentration	24
Les Mouvements des Yeux	26
La Visualisation	26
Les Affirmations Positives et la Prière	27
Le Mantra	27
Le Guide de Prononciation des Mantras	28
Les Mains	29
Les Chakras	30
Les Chakras du Corps	31
Les Réseaux Electriques	32
Les Couleurs qui Soignent	32
L'Aura	34
Conseils Pratiques sur les Mudras	34

LES MUDRAS — 37

MUDRAS Pour Votre CORPS — 39

Mudra contre le Vieillissement — 40

Mudra pour des Nerfs Solides — 42

Mudra pour Protéger Votre Santé — 44

Mudra pour Prévenir le Stress — 46

Mudra pour des Seins et un Cœur en bonne santé — 48

Mudra pour Sentir Votre Corps Energétique — 50

Mudra pour Prévenir le Burnout — 52

Mudra pour Récupérer après une Catastrophe Naturelle — 54

Mudra pour Surmonter les Addictions — 56

Mudra pour Soigner un Cœur Brisé — 58

Mudra pour Eliminer la Fatigue — 60

Mudra pour les Régimes Amaigrissants — 62

Mudra pour se Recharger — 64

Mudra pour Equilibrer l'Energie Sexuelle — 66

Mudra pour la Longévité — 68

MUDRAS Pour Votre ESPRIT — 71

Mudra du Coucher pour se Lever du Bon pied — 72

Mudra pour Affronter la Peur — 74

Mudra pour se Libérer de la Culpabilité — 76

Mudra pour avoir un Caractère plus Affirmé — 78

Mudra pour la Concentration — 80

Mudra pour Surmonter l'Anxiété — 82

Mudra pour Transcender la Colère et Prévenir la Migraine — 84

Mudra pour avoir un Esprit Vif — 86

Mudra pour la Patience — 88

Mudra pour le sentiment de Sécurité Intérieure	90
Mudra pour Apaiser Votre Esprit	92
Mudra pour Tenir le Coup avec les Enfants	94
Mudra pour Eloigner les Difficultés	96
Mudra pour l'Efficacité	98
Mudra pour Tranquilliser l'Esprit	100
Mudra pour Diminuer les Soucis	102
Mudra contre la Dépression	104
Mudra pour Avoir Confiance en Soi	106
Mudra pour Avoir une Parole Impeccable	108
Mudra pour Déverrouiller le Subconscient	110
Mudra pour la Compassion	112

MUDRAS Pour Votre AME — 115

Mudra pour la Dévotion	116
Mudra pour la Joie	118
Mudra pour l'Amour	120
Mudra pour l'Energie Universelle et l'Eternité	122
Mudra pour Avoir Confiance	124
Mudra pour l'Intégrité Intérieure	126
Mudra pour Appeler la Force Intérieure	128
Mudra pour la Sagesse	130
Mudra pour la Douceur	132
Mudra pour Développer la Méditation	134
Mudra pour Etre Guidé	136
Mudra pour Obtenir de l'Aide en cas de Situation Grave	138
Mudra pour une Perspicacité Puissante	140
Mudra pour le Contentement	142

Mudra pour la Prospérité	144
Mudra pour Elever le Niveau de Conscience	146
LA SEQUENCE DE MUDRAS SACRÉE	148
A PROPOS DE L'AUTEUR	153

MUDRAS DE SANTÉ

Un Yoga pour Vos Mains

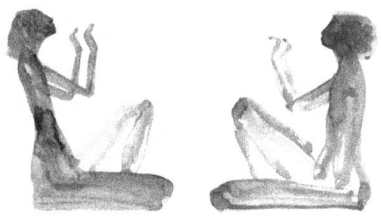

Introduction

Les Mudras sont d'anciens codes sacrés donnant accès à votre corps, à votre esprit et à votre âme. Ils font partie de votre quotidien, ils sont utilisés intuitivement et influencent de façon complexe à la fois votre niveau d'énergie, votre capacité d'auto-guérison ainsi que votre capacité à recevoir ou à émettre de l'énergie.

Les pouvoirs de guérison des Mudras sont indéniables et sont nécessaires aujourd'hui plus que jamais. Treize ans se sont écoulés depuis la publication de la première version de HEALING MUDRAS. Comme tout auteur vous le dira, un livre a sa vie propre une fois qu'il quitte les mains de son auteur. Sa longévité dépend de nombreux facteurs.

HEALING MUDRAS a bien vécu, car il a été traduit dans plus de 14 langues et a eu une influence positive sur des milliers de pratiquants des Mudras à travers le monde. Depuis la première publication, j'ai parcouru le monde, j'ai enseigné aux gens ces techniques anciennes puissantes dans différentes langues, et j'ai reçu d'innombrables lettres de remerciements pour avoir mis les Mudras sous le feu des projecteurs de notre époque. Chaque fois que je reçois une lettre d'un lecteur, j'éprouve une immense joie à l'idée qu'une autre personne ait pu bénéficier de ces techniques, mais je suis également emplie d'humilité par le fait d'avoir pris part à ce processus. Je ne suis que le messager et l'instrument pour transmettre ces anciens Mudras sacrés. Cela fait vraiment partie de ma mission de vie et c'est un véritable honneur d'avoir eu le plaisir d'enseigner les Mudras à toutes sortes de publics, de tous les âges, de toutes les cultures, de toutes les religions et de toutes convictions spirituelles, ou d'avoir ouvert l'esprit des gens aux propriétés de guérison de ces pratiques. Je peux honnêtement dire que chaque personne qui a pratiqué les Mudras a ressenti la puissance de leurs effets positifs. Ce voyage que j'ai fait jusqu'à aujourd'hui a été incroyable et il continue encore à ce jour.

Les Mudras occuperont toujours une place importante dans ma vie, et comme les lecteurs m'ont demandé à de nombreuses reprises quand mon prochain projet était prévu, j'ai créé un double DVD intitulé Chakra Mudras afin de rendre d'avantage de contenus disponibles et de contribuer à leur diffusion. Et maintenant, le temps est venu pour une NOUVELLE édition mise à jour de MUDRAS DE SANTE - une nouvelle version révisée du premier livre avec un chapitre supplémentaire. J'ai décidé d'offrir deux choix au lecteur : un livre complet avec des photographies en noir et blanc et une version couleur du livre en trois volumes distincts, pour le corps, pour l'esprit et pour l'âme. L'édition en couleur était mon premier souhait quant à l'apparence du livre et à son ressenti, et cela est maintenant réalité. Ce que vous tenez dans vos mains est la version complète avec des photographies en noir et blanc, néanmoins vous, mon cher lecteur, avez le choix.

Mes jeunes années en tant que danseuse professionnelle ont laissé en moi une empreinte inaltérable de discipline et de constance, que j'applique à chaque aspect de mon travail avec les Mudras. Leurs positions de mains sont si précises et complexes qu'elles doivent être pratiquées avec précision et concentration pour obtenir des résultats optimaux.

Vous devez être pleinement présent, vous immerger vraiment dans la pratique des Mudras et alors... les choses les plus merveilleuses surviendront. Les Mudras prennent le relai et vous pouvez laisser vos mains vous guider et faire la véritable et profonde expérience de ces anciens codes. Soudain, le pouvoir de votre âme se déverrouille et est libéré, votre vison de la vie change et vous comprenez tout comme vous percevez cette expérience terrestre d'une manière bien plus intense et plus profonde, tout en adoptant à la fois un recul, une distance salutaire face aux périodes difficiles et une compréhension élargie quant à la réussite des plus chanceux.

Chaque existence semble être rythmée par une pendule imperceptible se balançant constamment, on dirait qu'un équilibre invisible demeure, peu importe ce que les autres en voient de l'extérieur. Il y a un ordre, il y a un but et un chemin tracé que chacun d'entre nous arpente, mais tous les mystères de notre vie ne peuvent être révélés en une seule fois. Nous devons rester attentifs au temps présent, à l'instant présent, pour vraiment vivre cette incarnation terrestre dans chacune des nuances qu'elle nous offre afin d'apprendre d'elle. Si nous comprenons et respectons l'horloge, l'équilibre restera intact. Si nous luttons, il sera déséquilibré.
L'équilibre intérieur est la véritable clé pour pouvoir traverser la vie avec la même énergie et une générosité aimante alors que nous nous en remettons aux mains de la puissance universelle invisible qui réside en chacun de nous, quant à l'issue finale.

Nous devons faire confiance à cette guidance universelle, car elle nous connaît mieux que nous ne nous connaitrons jamais. Elle nous aime plus que nous ne nous aimerons jamais. Et elle a le meilleur plan pour nous que nous ne pourrions jamais imaginer.

Les Mudras font partie des clés sacrées, car ils sont reliés à chacun de nos mouvements et à chacune de nos respirations. Comprenez-les, utilisez-les et laissez-les se mettre à votre service sur le chemin de l'illumination, de la réalisation de soi, de la guérison et de la réalisation totale de votre potentiel optimal.
Comme toujours, je reste éternellement reconnaissante d'avoir eu l'opportunité d'être l'instrument de la transmission de ces enseignements sacrés jusqu'à vous.

Unis dans l'Esprit, l'amour et la Paix.
Bénédictions à tous,
Sabrina

L'Histoire et l'Art des MUDRAS

On retrouve des gestes de la main dans toutes les cultures de la Terre et ceux-ci peuvent être considérés comme faisant partie intrinsèque des civilisations : les anciens Egyptiens, les Romains, les Grecs, les Perses, les Aborigènes d'Australie, les Indiens et les Chinois, les Africains, les Turcs, les Fidjiens, les cultures Mayas, les Inuits et les nations amérindiennes ont tous utilisé des gestes de la main.

Aujourd'hui, nous utilisons toujours la gestuelle comme un langage. Pensez à la poignée de main universelle - un signe d'amitié et de paix. L'applaudissement sert à montrer son approbation et son enthousiasme ; le fait de pointer l'index sert à gronder ; une main levée avec la paume ouverte nous signale d'arrêter.

Il existe de nombreux points de vue concernant le développement des gestes de la main. Les scientifiques ont prouvé que même les singes communiquaient entre eux grâce à leurs mains et ils croient fermement que les gestes ont permis l'émergence de la parole. Un enfant aveugle qui n'a pourtant jamais pu voir applaudira tout de même avec ses mains pour exprimer l'excitation et le bonheur. De nombreux gestes de la main sont universels, trouvant leur origine il y a des milliers d'années. En Egypte, il y a près de cinq mille ans, des grands prêtres et prêtresses utilisaient des gestes de la main lors de rituels de prière. Des gestes sacrés de la main permettaient de communiquer avec les Dieux, de faire des miracles et de se connecter à l'au-delà. Les Egyptiens ont sculpté ces gestes sacrés sur des bas-reliefs tant sur les murs qu'à l'intérieur des pyramides, et ils ont constitué la base de leurs hiéroglyphes. Ces mouvements ainsi que la connaissance de leur pouvoir spirituel et de leur utilisation, ont voyagé de l'Egypte vers l'Inde et la Grèce. En Inde, ces gestes ont été nommés "mudras", un mot sanskrit, et ils sont devenus partie intégrante du yoga qui visait à relier le pratiquant aux forces divines et cosmiques.

Les Mudras sont devenus l'essence même de cette communication divine dans le Bouddhisme et l'Hindouisme. Les prêtres bouddhistes ont poussé leur compréhension des mudras encore plus loin et les emploient pour clore les rituels de prière, une coutume toujours vivante de nos jours. Platon a considéré les gestes des mains comme faisant partie des vertus civiques de la Grèce antique, où les gestes des mains étaient classés bien distinctement en trois catégories : comique, tragique et satirique. Provenant d'Egypte en passant par la Grèce, ces gestes des mains sont arrivés à Rome, où ils sont devenus essentiels lors des discours populaires et dans le domaine culturel.

Sous le règne de l'Empereur Auguste à Rome, l'exécution de mouvements avec les mains lors de danses pantomimes faisait le bonheur de l'empereur, qui en raffolait. Il y avait même des compétitions entre les meilleurs danseurs effectuant des gestes avec les mains, et tout Rome se divisait en clans partisans de tel ou tel favori. L'artiste le plus remarquable était souvent appelé le Philosophe Dansant.

En l'an 190, il y avait six mille artistes à Rome qui se consacraient à l'art des gestes avec les mains. Leur popularité a perduré jusqu'au sixième siècle après J.C. Les Juifs ont aussi utilisé les gestes sacrés de la main dans leur pratique religieuse. Dans ses diverses représentations, nous pouvons observer que Moïse utilise des mudras dans des gestes de bénédiction, de protection divine, de connaissance et pour être guidé par le divin.

Dans le christianisme, les mudras sont moins visibles. Des poses stylisées de la main sont presque toujours représentées dans les portraits de Jésus, mais la plupart des gens n'ont pas appris leurs significations. C'est ainsi que les cultures occidentales se sont éloignées et ont fini par perdre de vue les capacités de guérison et le pouvoir sacré des mudras pour finir par les utiliser d'avantage comme des gestes expressifs de communication.

Dans les peintures italiennes, avant et pendant la Renaissance, l'une des représentations des mains les plus courantes était celle reliant le pouce à l'index. Cela veut dire que l'Ego – l'index - s'incline devant Dieu - le pouce - dans l'amour et l'unité. Dans l'usage populaire Napolitain, ce geste s'appelle le bisou du pouce et du doigt, le signe de l'amour. Sur d'anciens portraits laïques, ce geste signifie l'approbation de l'amour et du mariage. Certains Amérindiens utilisaient également ce geste pour dire tout le bien qu'ils pensaient d'une chose et pour l'approuver.

Un autre geste que l'on retrouve communément dans les peintures religieuses est celui de la paume tournée vers le ciel. Cette posture trouve son origine des siècles en arrière et signifie l'ouverture et la demande. Dans ce livre, il fait partie du mudra pour être guidé, et on le retrouve aussi en partie dans le mudra pour affronter la peur. Lorsque vous demandez à l'univers de vous protéger et de vous guider, la paume est tendue de façon à ce que quelque chose puisse être placé dans votre main – que quelque chose puisse venir à vous. Les Indiens d'Amérique ont traduit ce geste par : Donnez-moi !

Un geste où l'index bougerait dans un mouvement circulaire a évidemment une correspondance universelle - plus particulièrement "non" - et signifie le refus que ce soit dans les cultures italiennes, natives américaines et japonaises entre autres. Quand l'index est pointé mais immobile et que ce soit dans l'usage populaire ou à l'apogée de l'art italien, cela veut dire : l'indication, la justice, signaler quelque chose (ce qui a conduit à donner ce nom d'index à ce doigt antérieur). Cela peut aussi signifier le silence, l'attention, le nombre, la médiation et la démonstration.

Les Amérindiens communiquaient beaucoup avec leurs mains et figuraient parmi les communicants les plus renommés dans cet art, ils en faisaient une habitude devant les étrangers. En effet, les premiers colons blancs croyaient que les Indiens utilisaient rarement la langue parlée, puisqu'ils les voyaient le plus souvent faire des gestes de la main que les Européens ne comprenaient pas. Plus tard, les Amérindiens joueront un rôle-clé pour communiquer avec les enfants malentendants.

Au Mexique, on trouve des signes de la main dans des gravures anciennes et élaborées, et on en trouve aussi des représentations peintes sur des vases grecs et homériques anciens ainsi que sur des écritures en poterie. En fait, l'alphabet chinois trouve ses racines dans la représentation des gestes de la main. Il existe de nombreux points communs entre les gestes de la main des cultures amérindiennes, chinoises, égyptiennes et africaines. J'espère que les archéologues, les anthropologues et les linguistes pourront éventuellement reconstituer comment il est possible que ces gestes universels soient utilisés dans des parties du monde si différentes.

Les gestes de la main sont la Mère de toute communication et sont extrêmement puissants. L'art des Mudras est divinement inspiré : il nous permet de communiquer avec le divin, de nous développer et d'aspirer à des qualités supérieures, et nous permet de garder un langage populaire universel. Les Mudras sont un moyen de connexion au jeu cosmique.

Le moment est venu de ranimer la flamme et d'apprécier le don de la pratique des Mudras afin d'utiliser ces techniques anciennes autant efficaces que puissantes dans votre vie quotidienne. Les Mudras peuvent vous aider à aller au bout de vos rêves: votre vie est entre vos mains.

Il n'y a pas de limites.

Mudra pour Tranquilliser Votre Esprit

La Pratique des Mudras

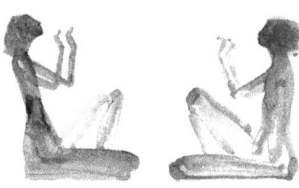

Instructions pour la pratique

Où pratiquer les mudras ?

Pour pratiquer les mudras, trouvez un endroit silencieux, paisible et à l'écart où personne ne peut vous déranger.
Si cela n'est pas toujours possible, la plupart des mudras étant discrets vous pouvez généralement les pratiquer à peu près n'importe où.

Comment pratiquer les mudras ?

Pendant la pratique, il est préférable de vous asseoir dans une position confortable. Vous pouvez vous asseoir sur un oreiller ou une couverture avec les jambes croisées, ou sur une chaise, mais assurez-vous que votre poids soit bien réparti équitablement sur les deux pieds. Il est très important que vous gardiez votre dos droit. Gardez une posture assise confortable qui n'occasionne aucune douleur.

Quand pratiquer les mudras ?

En fait, vous pouvez pratiquer un mudra à chaque fois que sentez avoir besoin de son énergie. Toutefois, si vous pratiquez le mudra pour la perspicacité ou pour développer votre capacité de méditation, le matin se trouve être le moment le plus propice pour se concentrer, juste après votre réveil ou le soir avant d'aller dormir. Vous ne devriez jamais pratiquer un mudra avec le ventre plein, car l'énergie de votre corps et votre attention sont mobilisées par votre abdomen. Votre énergie globale est plus pesante et il faut qu'elle soit libre de circuler sans entrave car elle est occupée à convertir la nourriture en énergie physique. Après un repas, attendez une heure avant de pratiquer.

À quelle fréquence pratiquer les mudras ?

Vous pouvez pratiquer autant de mudras par jour que vous le souhaitez, mais pour retirer un maximum de bénéfices de chaque mudra, vous opterez au moins pour une durée de trois minutes au cours de la journée afin d'être à l'aise avec votre mudra.

Pour ressentir les bienfaits plus rapidement, je vous recommande de pratiquer le mudra deux fois par jour, à chaque fois pendant au moins trois minutes. Sélectionnez un mudra en rapport avec un problème que vous avez ou une qualité que vous voulez développer, et mettez un point d'honneur à pratiquer ce mudra tous les jours.

Combien de temps pratiquer un mudra ?

Au début, je vous recommande de pratiquer un mudra pendant au moins trois minutes par jour, mais une fois que vous avez développé votre force et votre habileté à maintenir le mudra et à réveiller son énergie, vous pouvez pousser votre pratique jusqu'à onze minutes. Par la suite, vous aurez peut-être envie d'augmenter votre pratique à trente-et-une minutes par jour.

La plupart des mudras apporteront des résultats immédiats, en augmentant votre énergie, la clarté et la paix de votre esprit, ou votre perspicacité. Cependant, des problèmes plus complexes ou enracinés depuis longtemps exigeront plus de discipline et de persévérance de votre part. Il faudra quelques semaines de pratique pour que l'action du mudra soit maximale et vous aide à ressentir une transformation profonde qui éliminera ou résoudra votre problème.

La Méditation

On dénombre beaucoup de techniques de méditation différentes. Si vous n'avez jamais médité auparavant, la façon la plus simple de commencer à méditer est de trouver un endroit tranquille et de s'asseoir confortablement. Portez votre attention sur votre respiration : expirez et inspirez lentement par le nez et focalisez-vous sur votre respiration et son mouvement de va-et-vient à l'intérieur puis à l'extérieur de votre corps. Tout en vous concentrant, prenez conscience de votre souffle et profitez-en pour immobiliser votre esprit et détendre votre corps. Vous avez commencé à expérimenter l'essentiel de la méditation.

La méditation abaisse la température corporelle, alors quand vous prévoyez de méditer plus de onze minutes, envisagez de couvrir votre dos et vos épaules d'un châle avant de vous asseoir.
Grâce aux mudras et à une respiration appropriée, vous pouvez atteindre des niveaux plus profonds de méditation. Vous ferez l'expérience de la paix, de la détente, de la régénération et de niveaux supérieurs de conscience. Votre intuition, votre patience et votre sagesse augmenteront considérablement, tout comme votre magnétisme et votre niveau vibratoire.

La Respiration

Une respiration de qualité est essentielle lors de la pratique d'un mudra. Il existe principalement deux types de respiration :
Durant la RESPIRATION LONGUE ET PROFONDE, vous prenez le temps d'inspirer et d'expirer lentement et complètement par le nez.

Lorsque vous inspirez, relâchez votre abdomen et gonflez la poitrine.
Lors de l'expiration, dégonflez la poitrine et rentrez l'estomac pour aider à expulser l'air. Cette technique de respiration vous aidera à vous détendre, à vous calmer et à être plus patient.
Dans la RESPIRATION COURTE DE FEU, inspirez et expirez par le nez à un rythme plus rapide. Concentrez-vous sur votre nombril, que vous gonflez à l'inspiration et que vous contractez sur l'expiration.

La durée de chaque phase est égale à l'autre et peut être assez rapide : deux à trois respirations par seconde.

Cette technique a un effet plus stimulant.
Ces deux techniques ont une action très purifiante et stimulent la guérison.
Lors de la pratique d'un Mudra, sauf indication contraire, il est préférable d'utiliser la respiration longue et profonde.

La Concentration

Quand on fait n'importe quel mudra, il est important de se concentrer sur le centre d'énergie du Troisième Œil, qui se situe entre les sourcils. Votre Troisième Œil est le point de rencontre entre votre corps et votre esprit, qui se connecte plus facilement aux sources d'énergie supérieures présentes en vous et autour de vous.

Si, pendant la méditation et la réalisation d'un mudra, vos pensées s'agitent, ramenez doucement votre attention à votre souffle et au mudra. Inspirez et expirez. Vous allez expérimenter un effet très puissant, une augmentation de l'énergie, dans tout votre corps. La pratique d'un Mudra à des effets différents sur chaque individu et selon le contexte. Parfois, il est possible que vous ressentiez une légère sensation de picotement dans vos mains et vos bras ; à d'autres moments, vous pouvez ressentir un afflux soudain d'énergie dans votre colonne vertébrale. Soyez ouvert à toute sensation qui se présente. Le fait d'amener votre attention sur les différents ressentis, en leur permettant simplement d'être là, va amplifier les bienfaits pour votre corps, votre esprit et votre âme.

Mudra de la Roue de la Vie-YIN et YANG
Votre Troisième Œil est le point entre les sourcils.
En concentrant votre esprit sur ce centre énergétique lié à l'intuition,
vous pouvez pratiquer la visualisation et recevoir des conseils et des visions.
C'est votre fenêtre vers des possibilités infinies.

Les Mouvements des Yeux

Les yeux sont un élément important dans la pratique des mudras. La façon dont vous les utiliserez augmentera votre concentration.

Vous pouvez les garder mi-clos et regarder doucement en direction du bout de votre nez. Ne louchez pas pour faire cela. Il suffit de regarder vers le bas et légèrement vers l'intérieur afin de voir le bout de votre nez. C'est un exercice très bon pour la vue.

D'une autre manière, vous pouvez fermer vos paupières et diriger doucement vos yeux vers le haut en direction de la zone du Troisième Œil.

Si vous devez garder les yeux ouverts pendant que vous méditez, regardez à mi-distance et détendez les paupières.

Mais le plus important est que vous devez toujours diriger le regard en douceur. Ne forcez jamais vos yeux dans une position douloureuse ou inconfortable.

La Visualisation

Nous savons tous comment rêvasser. En fait, la rêverie est une forme de visualisation. Vous pouvez créer une image, un monde ou un rêve dans lequel vous souhaitez vivre, et ce, uniquement dans votre esprit. Le fait de visualiser l'endroit où vous voulez être et comment vous voulez vivre et manifester votre énergie est la première étape pour faire de votre rêve une réalité. La pratique des Mudras peut vous aider à concrétiser vos rêves.

Le pouvoir de votre esprit est sans limites. Vivez-le, respirez-le, et cela deviendra réalité.
Par exemple : tout en pratiquant le mudra contre le vieillissement, visualisez en esprit une lumière rajeunissante autour de votre visage. Voyez-vous comme étant plein de vie et rechargé, de même pour votre visage. En ajoutant le pouvoir de votre esprit à votre pratique quotidienne des Mudras et de la visualisation, vous allez changer et améliorer vos perspectives, votre énergie et votre vie entière.

Comme autre exemple, lorsqu'on pratique le mudra pour la perspicacité, voyez-vous comme ayant trouvé une solution heureuse à un problème que vous essayez de résoudre. Imaginez comment vous vous sentiriez si vos inquiétudes étaient terminées. Cette visualisation vous donnera une approche positive afin de résoudre ce problème avec succès.

Les Affirmations Positives et la Prière

Lorsque vous méditez, votre esprit se met plus à l'écoute des besoins de votre corps et votre capacité de guérison s'accroit. Avant de méditer, il est important de formuler une affirmation positive pour vous-même. Vous pouvez également rayonner une énergie positive vers une autre personne, tout comme vous le feriez lors d'une prière.

Exemple : Lors de la pratique du mudra pour le régime amaigrissant, il est bon d'affirmer :
"Je ne mange que de la nourriture saine. Je suis en bonne santé, je suis svelte et je suis rassasié(e). Je suis consciencieusement mon régime."

Cette affirmation simple aura un effet positif sur vous.

En méditant ou en priant pour quelqu'un d'autre, il est utile de le voir entouré par de lumière blanche ou violette et d'affirmer : "Mon ami est en bonne santé, heureux, plein de vie et souriant".

Votre affirmation doit toujours être formulée au présent. "Je suis calme", et non "Je serai ou je veux être calme". On peut dire encore "Je vois la solution dans ma méditation". Cette affirmation positive crée des vibrations énergétiques puissantes. Votre énergie est envoyée vers l'univers et se fait l'expression de vos désirs et de vos intentions, vous donnant la possibilité d'atteindre vos objectifs avec succès, honorablement et avec compassion. La prière et les affirmations sont particulièrement puissantes durant la pratique d'un mudra quand votre esprit est calme et que votre concentration augmente.

Le Mantra

Bien que vous préfériez pratiquer votre mudra et votre méditation avec votre propre affirmation, vous pourriez avoir envie d'essayer d'utiliser un mantra. Les mantras sont d'anciens mots de guérison Sanscrits qui ont un effet puissant sur votre être tout entier lorsqu'ils sont chantés de manière répétitive à l'occasion de la méditation ou de la pratique d'un mudra. La voûte du palais dans votre bouche est dotée de cinquante-huit points d'énergie qui sont reliés à l'ensemble de votre corps. Le fait de stimuler ces points avec des vibrations sonores a un impact sur votre mental et sur votre énergie physique. La qualité de guérison de certains de ces sons est remarquable. Lorsque vous répétez à voix haute ou que vous chuchotez ces anciens mantras qui sont une véritable science d'association de sons guérisseurs, les méridiens sur la voûte de votre palais sont activés dans un ordre précis qui réorganise l'énergie de tout votre organisme. Il existe trois mantras de base et que vous trouverez dans ce livre, combinés de différentes façons :

EK ONG KAR
(Un seul Créateur, Dieu est Un)
SA TA NA MA

(Infini, Naissance, Mort, Réincarnation)

**HAR HARE HAREE
WAHE GURU**
(Hah-rah ; hah-rè; hah-ri ; va-hè ; gou-rou)
(Dieu est le Créateur du Pouvoir Suprême et de la Sagesse)

Chaque mudra ne requiert pas forcément un mantra. Tous les mudras peuvent être pratiqués en silence au rythme de votre respiration. Il est utile d'utiliser les mantras quand votre esprit est agité et que vous luttez contre lui, car le fait de vous focaliser sur les mots vous aidera à vous centrer. Laissez votre intuition vous guider pendant la pratique des mudras et si le fait de chanter des mantras vous attire, essayez-les quand vous sentez que cela est juste. Vous ferez l'expérience d'une paix, d'une joie et d'une passion profondes. Votre âme chantera à l'unisson avec l'univers.

Le Guide de Prononciation des Mantras

A comme le *a* dans arrondi
AA comme le *a* dans papa
AY comme le *eil* dans vermeil
AI comme le *a* dans mamie
I comme le *i* dans bison
U comme le *ou* dans bouchon
OO comme le *o* dans bof
O comme le *o* dans orange
E comme le *é* dans bouché
EE comme le *i* dans ridicule
L'AAU comme le *aou* dans miaou
SAT rime avec "mate"
NAM rime avec "âme"
WAHE - sonne comme va-hé
GU - sonne comme le *goû* dans "goûter"
Appuyez le "ch" et prononcez-le *tch* à la fin de tous les "such".
Prononcez la consonne *v* doucement.
Rouler légèrement les *rs*.

Quand vous chantez le mantra suivant "Haree Har Haree Har", assurez-vous de ne pas bouger les lèvres, et de le prononcer uniquement avec la langue.

Les Mains

Les deux mains et les dix doigts ont des significations individuelles bien distinctes. Chacun est relié à une partie du corps différente et à son énergie ainsi qu'à celle de notre système solaire. La main droite est influencée par le Soleil et représente notre côté masculin. La main gauche est gouvernée par la Lune et représente notre côté féminin.

La main droite est un récepteur tandis que la main gauche est celle qui restitue des énergies positives. On retrouve ces significations également dans les positions de mains des mudras.

Chaque doigt est associé à une capacité, un penchant ou une caractéristique particulière et influence notre vie.

Le *Pouce* symbolise Dieu. Lorsque vous connectez vos autres doigts au pouce, vous vous inclinez symboliquement devant Dieu. Le Pouce est associé à la planète Mars et représente la volonté, la logique, l'Amour et l'Ego. En position relâchée, l'angle formé entre le pouce et le reste de votre main indique votre personnalité. Une distance d'environ quatre-vingt-dix degrés entre le pouce et l'index indique que vous êtes gentil, bienveillant et généreux. Une distance d'environ soixante degrés suggère un caractère logique et rationnel. Un espace de trente degrés désigne une personne secrète, sensible et prudente.
Un pouce long et fort révèle une forte personnalité, volontaire et la capacité à changer son destin.

L'*Index* est influencé par la planète Jupiter et représente la connaissance, la sagesse, le sens du pouvoir et la confiance en soi.

Le *Majeur* désigne la planète Saturne et est associé à la patience et au contrôle émotionnel. D'où son action harmonisante dans la vie.

L'*Annulaire* est connecté au Soleil et représente la vitalité, l'énergie vitale et la santé. Il correspond à l'esprit de famille et aux questions de cœur.

L'*Auriculaire* est le représentant de la planète Mercure, qui domine la capacité à communiquer, à être créatif, à apprécier la beauté et à atteindre la paix intérieure.

Le bout des doigts peut révéler des qualités différentes.
Une extrémité de doigt ovale peut traduire une personne impulsive qui a besoin de motivation. On retrouve communément un bout de doigt pointu chez les personnes indépendantes et actives, et une extrémité carrée désigne une personne logique et pragmatique.

Les Chakras

A l'intérieur de notre corps se trouvent sept centres énergétiques et nerveux principaux qui sont répartis le long de la colonne vertébrale. Le premier se situe à la Base de la Colonne Vertébrale, le septième au sommet de la tête. Ces centres se nomment les Chakras. Leur énergie tourne toujours dans le sens des aiguilles d'une montre à l'intérieur de nos corps et influence - et est aussi influencée par - notre santé émotionnelle et physique, ainsi que notre bien-être spirituel. Afin de se sentir équilibré et en harmonie en nous-mêmes mais aussi avec ce qui nous entoure, il est important d'en savoir plus à propos de ces centres et de leurs fonctions.

Premier Chakra
Représente : la survie, la nourriture, la protection, le courage, la volonté, les fondements
Emplacement : Base de la Colonne Vertébrale
Glande : Les gonades
Couleur : Rouge

Deuxième Chakra
Représente : Le sexe, la créativité, la procréation, la famille, l'inspiration
Emplacement : Les organes sexuels
Glande : Les surrénales
Couleur : Orange

Troisième Chakra
Représente : L'Ego, le siège des émotions, l'intellect, l'esprit
Emplacement : Le plexus solaire
Glande : Le pancréas
Couleur : Jaune

Quatrième Chakra
Représente : L'amour véritable et inconditionnel, la dévotion, la foi, la compassion
Emplacement : La région cardiaque
Glande : Le thymus
Couleur : Vert ou rose

Cinquième Chakra
Représente : La voix, la vérité, la communication, la connaissance supérieure
Emplacement : La gorge
Glande : La thyroïde
Couleur : Bleu

Sixième Chakra

Représente : Le troisième œil, la vision, l'intuition
Emplacement : Le troisième œil
Glande : La glande pinéale
Couleur : Indigo

Septième Chakra
Représente : La conscience Divine universelle, les cieux, l'unité, l'humilité
Emplacement : Le sommet de la tête, la couronne
Glande : La glande pituitaire
Couleur : Violet

Les Chakras du Corps

Le Chakra de la base : Les Fondements
Le deuxième Chakra : La Sexualité
Le troisième Chakra : l'Ego
Le quatrième Chakra : L'Amour
Le cinquième Chakra : La Vérité
Le sixième Chakra : L'Intuition
Le septième Chakra : La Sagesse Divine

Les Mudras sont de puissants outils pour dynamiser et équilibrer chaque Chakra, notamment en activant le courant électrique qui circule dans tout notre corps, et en libérant l'énergie infinie qui est à l'intérieur de nous. Exemple : quand vous pratiquez le mudra pour la dévotion, vous pouvez visualiser autour de vous les couleurs des Chakras qui vous soignent, voyez-les remplissant et dynamisant votre corps, en commençant par le Premier Chakra et tout en continuant jusqu'à votre tête, le Chakra Couronne.

Réseaux Electriques

Outre les sept Chakras situés dans notre corps, nous possédons soixante-douze mille canaux électriques ou encore des vaisseaux appelés *Nadis* (prononcé "nah-diz"). Ils proviennent de toute part des différents endroits du corps, du bout des orteils jusqu'au sommet de la tête. Les Nadis ont également une influence sur notre organisme tout entier. Il est essentiel pour votre bien-être de maintenir l'activité de ces courants d'énergie et qu'ils soient emplis d'un flot d'énergie continu.

Chaque mudra redirige, active et renforce le flot d'énergie qui circule au travers de ces canaux, et stimule par là même, les hémisphères cérébraux, les nerfs et les organes, ce qui est source de bienfaits pour l'ensemble du système neuromusculaire, physique et glandulaire.

Couleurs de Guérison

Faire appel au pouvoir de guérison des couleurs peut également enrichir votre pratique des mudras. Les couleurs arc-en-ciel des Chakras guérissent et redynamisent les parties correspondantes du corps. Vous pouvez soit vous entourer réellement des couleurs appropriées chaque fois que vous méditez ou bien visualiser les couleurs tandis que vous réalisez les mudras.
Par exemple, lorsque vous pratiquez le mudra pour une perspicacité puissante, vous pouvez vous voir entouré d'une lumière blanche ou violette. Cela améliorera votre intuition. Le fait de porter une certaine couleur aura également un impact sur votre vision globale de l'existence.

Mudra du pouvoir Yin-féminin

Le rouge aura une incidence positive sur votre vitalité, vous ancrera et vous reliera à la Terre.

La couleur orange renforcera votre sexualité, votre créativité et vos relations.

Le jaune vous apporte du dynamisme et vous donne la sensation d'être plein de feu.

Le vert est approprié pour les jours où vous devez prendre soin de votre cœur et ressentir de l'amour.

Le bleu a un effet calmant et apaisant sur votre aura ou encore le champ d'énergie entourant votre corps, et vous aidera à voir et à dire la vérité.

L'indigo améliorera votre intuition et votre sixième sens.

Le violet est une excellente couleur de centrage et d'apaisement qui vous aidera à vous connecter à l'énergie de guérison universelle.

Le noir vous aidera dans votre communication en tant que chef.

Le blanc vous procurera un sentiment de nettoyage et de pureté, et tiendra tout sentiment négatif ou la déprime à distance.

Tenez compte des messages que votre corps vous envoie chaque matin, et voyez quelle est la couleur qui vous attire le plus et dans laquelle vous vous sentirez le plus à l'aise en fonction du jour.

L'Aura

Notre aura ou notre corps énergétique est composé de vibrations électromagnétiques incluant la couleur, la lumière, le son, la chaleur et les émotions. Ce champ nous entoure comme une lueur qui est d'ordinaire invisible. Cependant, à force de pratique et de concentration, on peut apprendre à voir les auras. Le mudra pour sentir le corps énergétique est particulièrement efficace pour aider à percevoir les auras. Quand notre force invisible et magnétique rayonne, cela traduit une bonne santé, un pouvoir personnel fort et une bonne capacité de guérison.

Conseils Pratiques sur les Mudras

Au premier abord, certains mudras donnent l'impression d'être très similaires à d'autres. Pourtant, en pratique, chacun est assez différent : chaque détail de la posture de vos mains et de vos doigts est important et a une signification précise. Si vous êtes très attentif lors de votre pratique des mudras, vous sentirez la différence. Comme nous l'avons déjà évoqué, chaque extrémité des doigts est reliée à un méridien et à un centre énergétique différent. Tandis que vous pratiquez, concentrez-vous sur le mudra, et remarquez les différents ressentis et effets que chacun vous apporte. Vous pouvez pratiquer un mudra spécifique à la fois ou en combiner quelques-uns durant une séance. Écoutez votre corps.

Exemple : si vous souffrez du stress et que vous devez vous concentrer, pratiquez le mudra pour prévenir le stress. Au bout de trois minutes, passez au mudra pour la concentration. Pendant que vous essayerez différentes combinaisons, la logique et l'intuition de votre corps-esprit vous guideront. C'est la beauté des mudras - vous pouvez les pratiquer n'importe où, n'importe quand, dans n'importe quel ordre de votre choix. Tandis que les bienfaits de cette science ancienne des mudras sont complexes et élaborés, leur pratique est simple en réalité.

Maintenant que vous avez quelques connaissances au sujet du pouvoir et de l'histoire de mudras, et quelques rudiments sur la pratique de la méditation, vous êtes prêt à commencer à tester quelques mudras et à mettre leur énergie en application dans votre vie. Dans les rubriques suivantes, vous trouverez des mudras pour votre âme, des mudras pour la guérison de votre corps, et des mudras pour soulager les troubles de l'esprit, entre autres. Chacun de ces cinquante-deux mudras traditionnels peut être un outil spirituel pour vous, de même qu'il peut vous aider dans votre propre quête intérieure et la connaissance de vous-même ainsi que dans la résolution de vos problèmes. J'espère qu'ils vous gratifieront de plus de clairvoyance, qu'ils vous permettront de trouver d'avantage de plaisir et de force sur votre route et tout au long de votre vie.

MUDRAS

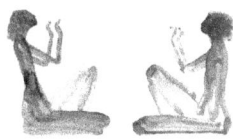

MUDRAS Pour Votre CORPS

Votre corps est votre temple...
Chérissez-le.

Ce chapitre vous présente quinze mudras qui vous aideront à apaiser, à soigner et à redynamiser votre corps physique. Votre corps, création étonnante et sensible, a besoin de bons soins, d'une nourriture correcte et d'exercice. Appréciez, aimez, respectez et célébrez votre corps. Avec une pratique quotidienne des mudras, vous apprendrez à équilibrer l'énergie sexuelle, à prévenir le vieillissement ainsi que le stress, à surmonter vos addictions, à vous relaxer physiquement et à recharger votre corps.

Vous pouvez choisir de pratiquer un seul mudra par jour ou autant que vous le voulez jusqu'à ce que vous vous sentiez empli d'énergie, libéré du stress et équilibré. Soyez patient et soyez bienveillant envers vous-même, aimez-vous. Visualisez-vous avec un corps en bonne santé et plein de vie.

Mudra contre le Vieillissement

Nous voulons tous paraître jeunes et en bonne santé. Nous faisons tous face à un processus naturel de vieillissement, pourtant, peu importe votre âge, vous pouvez entretenir et protéger votre corps. Bien qu'un mode de vie sain avec de l'exercice et une bonne alimentation soit essentiel, l'ingrédient le plus puissant dans une recette anti-âge est d'avoir un bon état d'esprit. Avec ce mudra, vous pouvez nettoyer toutes les impuretés dans votre organisme, inverser le processus de vieillissement, et apprendre à apprécier la sagesse et l'expérience gagnées avec le temps.

*Cette technique de respiration et ce mudra vont nettoyer et éclaircir votre aura
de même que régénérer vos cellules,
ce qui vous donnera un visage rayonnant et préviendra le vieillissement.*

Chakra : Base de la Colonne Vertébrale - 1
Organes de Reproduction - 2

Couleur : Rouge, Orange

Mantra : EK ONG KAR SA TA NA MA
(Un seul Créateur de l'Infini, de la Naissance, de la Mort et de la Réincarnation)
Répétez mentalement à chaque respiration.

Asseyez-vous avec le dos droit. Formez des cercles avec vos pouces et vos index et placez le dos de vos mains sur vos genoux avec les paumes vers le ciel. Tendez le reste de vos doigts tout droit.

RESPIRATION : COURTE, RESPIRATION RAPIDE DE FEU, EN CONCENTRANT SON ATTENTION SUR LE NOMBRIL. LA RESPIRATION DEVRAIT ETRE PUISSANTE AU POINT DE "DANSER AVEC LE NOMBRIL".
Pratiquez pendant au moins trois minutes et détendez-vous.

Mudra pour des Nerfs Solides

Vous pouvez apprendre à rester calme et centré dans votre vie quotidienne, même en période de défis ou difficultés et d'agitation. Vous ressentirez instantanément la puissance de ce mudra comme si vous connectiez deux courants d'énergie, toutefois ses effets sont apaisants et calmants et il vous permettra de garder une bonne santé nerveuse.

Ce mudra renforcera vos nerfs. En appuyant sur le majeur, vous renforcez le contrôle émotionnel, et le fait de presser le petit doigt active le sentiment de paix intérieure.
Parce que les côtés féminins et masculins du corps ne sont pas les mêmes chez les hommes et chez les femmes, la posture est inversée chez les hommes.

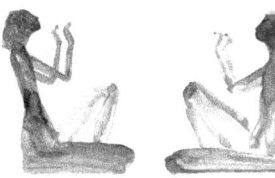

Chakra : Plexus Solaire - 3
Cœur – 4

Couleur : Jaune, Vert

Asseyez-vous avec la colonne vertébrale droite et levez votre main gauche à hauteur de l'oreille, la paume tournée devant vous vers l'extérieur. Faites un cercle avec le pouce et le majeur, et tendez les autres doigts. La main droite est placée devant le plexus solaire, avec le pouce et l'auriculaire qui se touchent, la paume dirigée vers le ciel. Les autres doigts sont droits. <u>La position des mains est inversée pour les hommes</u> : la main droite est maintenue au niveau de l'oreille, avec le pouce et le majeur formant un cercle et la main gauche devant le plexus solaire avec le pouce et l'auriculaire en contact.

RESPIRATION : INSPIREZ SUR QUATRE TEMPS ET EXPIREZ FORTEMENT SUR UN SEUL TEMPS. Continuez pendant quelques minutes.

Mudra pour Protéger Votre Santé

En plus d'avoir une bonne alimentation, d'avoir une bonne hygiène et de pratiquer une activité physique régulière, vous pouvez entretenir et protéger votre santé en pratiquant cet ancien et puissant mudra. Une pratique quotidienne pendant de nombreuses années vous apportera de nombreux bienfaits.

Ce mudra équilibre la distribution des globules rouges et blancs et protège votre santé en général.

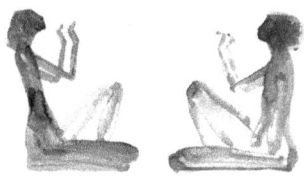

Chakra : Tous les Chakras

Couleur : Toutes les Couleurs

Asseyez-vous avec le dos droit. Pliez votre coude droit et levez votre main vers le haut et vers l'extérieur comme pour prêter serment. Maintenez les deux premiers doigts ensemble et tendus vers le haut. Pliez les deux autres doigts dans la paume et verrouillez-les avec le pouce. Placez la main gauche dans le même mudra mais avec la paume dirigée vers votre poitrine, les deux doigts tendus touchant le cœur. Faites en sorte que les doigts soient tendus le plus possible afin de créer un champ électromagnétique fort autour de vous.

RESPIRATION : INSPIRATION PENDANT VINGT SECONDES, RETENIR SON SOUFFLEDURANT VINGT SECONDES, EXPIRATION SUR VINGT SECONDES.
Rentrez le nombril autant que possible sur chaque expiration.
Continuez pendant quelques minutes et détendez-vous.

Mudra pour Prévenir le Stress

Nous faisons tous l'expérience du stress dans nos vies. Beaucoup d'entre nous courent d'une activité à une autre, en s'occupant de trop de choses durant la journée sans jamais trouver assez de temps pour récupérer. Il est très important pour votre corps-esprit de lui accorder des moments de relâche. Pratiquer ce mudra pendant quelques minutes, surtout quand on se sent stressé, peut vous aider. Vous en ressentirez les résultats immédiatement et vous pourriez avoir envie de le pratiquer tous les jours afin de renforcer votre énergie et de rester imperméable au stress.

Ce mudra permet au cerveau de garder son équilibre sous l'influence du stress et de renforcer la santé nerveuse.

Chakra : Plexus Solaire – 3

Couleur : Jaune

Asseyez-vous, le dos bien droit. Détendez vos bras en pliant les coudes afin d'amener vos avant-bras devant vous et parallèles au sol. Ramenez vos mains, paumes vers le haut, devant vous, jusqu'à ce qu'elles se touchent, environ trois centimètres au-dessus du nombril. Posez le dos de la main gauche dans la paume de la main droite. Gardez les doigts tendus et ensemble.

RESPIRATION : LONGUE, PROFONDE ET LENTE.
GARDEZ VOTRE ESPRIT LIBRE DE TOUTE PENSÉE.
Continuez pendant trois minutes et détendez-vous.

Mudra pour des Seins et un Cœur en bonne santé

Notre corps possède de grandes capacités d'auto-guérison et de prévention des maladies qui fonctionnent de manière optimale quand nous les activons, les utilisons et les renforçons consciemment. Les mudras participent à la circulation des courants électriques à l'intérieur du corps afin de vous maintenir en bonne santé et vibrant d'énergie de guérison.

En parallèle de toute pratique spirituelle, chaque femme doit s'examiner régulièrement la poitrine et rester à l'écoute de son corps, mais ce mudra aidera les fonctions féminines à utiliser l'énergie pour nettoyer les ganglions lymphatiques dans la partie supérieure de la poitrine, ce qui préservera la santé de la poitrine. Le muscle cardiaque fonctionnant constamment, nous devons l'aider à se recharger et à se reposer un peu.

Ce mudra va nettoyer et recharger la zone de votre poitrine avec une énergie d'auto-guérison. Grâce à une pratique quotidienne, votre cœur restera fort.

Chakra : Cœur – 4

Couleur : Vert

Asseyez-vous au calme et dans une posture confortable, le dos droit. Détendez vos bras de chaque côté, paumes tournées vers l'avant. Puis, pliez alternativement chaque coude de façon à ce que les avant-bras remontent vers le Chakra du cœur aussi rapidement que possible. Lorsque votre main droite est au niveau de votre poitrine, la main gauche est éloignée du corps, et quand la main gauche est au niveau de votre poitrine, la main droite est éloignée du corps. Ne cassez pas les poignets, ne repliez pas les mains et ne touchez pas la poitrine.
Faites-le quatre fois à un rythme soutenu durant l'inspiration, quatre fois durant l'expiration, jusqu'à ce que vous ayez chaud, puis détendez-vous pendant quelques minutes.

RESPIRATION : LONGUE, PROFONDE ET LENTE.

Mudra pour Sentir votre Corps Energétique

Le corps physique est entouré d'un corps d'énergie subtil ou d'une aura. Avec de l'entrainement, vous pouvez apprendre à percevoir ce halo vibratoire qui vous entoure. Alors que vous pratiquez ce mudra, respirez et concentrez-vous, et vous commencerez à ressentir ainsi qu'à voir le flux d'énergie qui passe entre vos paumes. Vous pourrez renforcer cette aptitude grâce à une pratique régulière.

En dirigeant les paumes l'une vers l'autre ainsi que leur champ d'énergie,
vous amplifiez le champ astral et vous pouvez donc le percevoir plus facilement.

Chakra : Troisième Œil – 6

Couleur : Indigo

Asseyez-vous, la colonne vertébrale bien droite. Amenez vos paumes devant vous de façon à ce qu'elles soient ouvertes et en face l'une de l'autre. Les doigts sont légèrement écartés et légèrement arrondis. Les extrémités des doigts sont pointées vers l'avant. Maintenez votre regard en direction de l'espace entre vos paumes. Tout en respirant, sentez le flux d'énergie s'écouler d'une main à l'autre. Après quelques minutes, vous commencerez à voir le flux d'énergie.

RESPIRATION : LONGUE, PROFONDE ET LENTE.

Mudra pour Prévenir le Burn-out

Lorsque vous ne vous accordez pas suffisamment de repos, le repos dont vous avez besoin et que vous méritez, vous pouvez mettre en danger à la fois votre santé psychologique et celle de votre corps tout comme vous drainez votre énergie vitale. Chaque fois que vous vous sentez fatigué au point qu'il semble impossible de récupérer, c'est le moment de rassembler vos dernières étincelles d'énergie pour pratiquer ce mudra. Même s'il vous est difficile de tenir le mudra au début, au bout de trois minutes, vous vous sentirez régénéré et vous serez surpris par l'énergie qui est en vous.

La pression de vos doigts stimule vos courants électriques et les recharge avec de l'énergie vitale.

Chakra : Base de la Colonne Vertébrale - 1
Organes de Reproduction - 2
Plexus Solaire – 3

Couleur : Rouge, Orange, Jaune

Asseyez-vous avec le dos droit, pliez vos coudes et levez vos avant-bras devant vous et parallèles au sol, les mains se rencontrant au niveau du cœur, les paumes sont face au sol. Repliez les pouces à l'intérieur de chaque paume de main jusqu'à ce que l'extrémité du pouce repose à la base de l'annulaire. Gardez les quatre autres doigts tendus groupés, positionnez le dos des mains l'une face à l'autre et appuyez uniquement le bout des doigts les uns contre les autres. Pressez fermement les extrémités des doigts et les ongles de chaque main ensemble, les parties supérieures des mains ne se touchant pas. Inspirez profondément et expirez complètement.

RESPIRATION : LONGUE, PROFONDE ET LENTE. Répétez plusieurs fois puis détendez-vous. Reposez-vous quelques minutes.

Mudra pour Récupérer après une Catastrophe Naturelle

Les tremblements de terre, les inondations, les tornades et autres catastrophes naturelles sont malheureusement assez communs. Après un tel choc traumatique, les gens sont désorientés, confus, vulnérables et effrayés. Ce mudra peut avoir un effet immédiat, puissant et positif et vous aider à non seulement traverser les suites de cette crise mais aussi à réaligner votre propre énergie avec celle de la Terre.

*Ce mudra réajustera les échanges magnétiques des deux hémisphères du cerveau,
ce qui vous aidera à retrouver un équilibre émotionnel.*

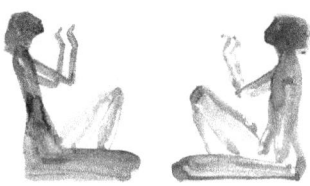

Chakra : Base de la Colonne Vertébrale - 1
Plexus Solaire - 3
Troisième Œil – 6

Couleur : Rouge, Jaune, Indigo

Mantra : HARI ONG TAT SAT
(Dieu en Action, la Vérité Ultime)
Répétez mentalement à chaque respiration.

Asseyez-vous le dos droit. Mettez votre main gauche légèrement en forme de coupe et recouvrez-en votre oreille gauche, en gardant la partie supérieure de votre bras gauche parallèle au sol. Formez un poing avec votre main droite et étendez votre bras droit sur le côté, puis pliez votre coude de sorte que votre poing soit à côté de votre oreille, la paume légèrement éloignée du visage.

RESPIRATION : LONGUE, PROFONDE ET LENTE.
Continuez quelques instants et détendez-vous.

Mudra pour Surmonter les Addictions

Les addictions sont un problème très fréquent. Toutes les dépendances sont reliées au désir de fuir, en tant qu'individus, notre propre part de responsabilité vis-à-vis de nous-mêmes. Nos addictions nous permettent de nous sentir moins seul mais nous empêchent aussi de faire face à la réalité de certains problèmes ou situations.

Nous essayons de changer nos humeurs dérangeantes et nos inquiétudes par l'utilisation de substances addictives ou en détournant notre attention de nous-mêmes par le biais de relations addictives.

Pour surmonter une addiction, vous devez surmonter la peur qui se cache derrière elle. Vous en détourner avec de la drogue, de la caféine, de l'alcool, la cigarette, de la nourriture ou de mauvaises relations ne fait qu'aggraver le problème. Cela retarde également la réalisation de vos objectifs dans la vie.

Toute dépendance peut être surmontée ; vous devez simplement le vouloir vraiment et vous y tenir. La pratique régulière de ce mudra pendant trois minutes, au rythme de trois fois par jour vous aidera à surmonter toute dépendance en trente jours. Libérez-vous des chaînes de l'addiction et commencez dès aujourd'hui à vous témoigner de l'amour grâce à cette pratique.

Ce mudra a une action aussi bien sur les addictions physiques que sur les dépendances émotionnelles et la co-dépendance. La pression de vos pouces sur vos temps déclenche un courant réflexe rythmé au centre même du cerveau, qui équilibre les énergies à l'origine des dépendances.

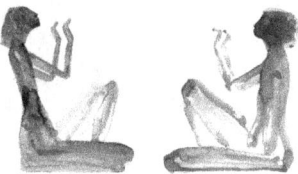

Chakra : Base de la Colonne Vertébrale - 1
Organes de Reproduction - 2
Plexus Solaire - 3
Cœur - 4
Gorge – 5

Couleur : Rouge, Orange, Jaune, Vert, Bleu

Asseyez-vous la colonne vertébrale bien droite. Assurez-vous de ne pas être voûté, surtout au niveau des lombaires. Formez des poings avec vos mains, puis tendez les pouces. Appuyez vos pouces sur les tempes à l'endroit où vous sentez une légère dépression. Serrez les dents, verrouillez les molaires à l'arrière, et garder vos lèvres fermées. Faites vibrer les muscles des mâchoires en serrant les molaires puis en relâchant la pression. Vous devriez remarquer qu'un muscle bouge en rythme sous les pouces. Sentez le massage qu'il exerce sur les pouces tout en continuant à les appuyer fermement. Concentrez-vous sur votre troisième œil tandis que vous fais cela. Continuez sur une durée allant de trois à onze minutes. A présent, relâchez vos bras et placez-les sur les côtés, les pouces et les index formant un cercle.
Gardez la pose et détendez-vous.

RESPIRATION : COURTE, RESPIRATION RAPIDE DE FEU, EN SE FOCALISANT SUR LE NOMBRIL.

Mudra pour Soigner un Cœur Brisé

Lorsque vous êtes en plein chagrin et au beau milieu d'une peine de cœur, il paraît quasiment impossible d'en échapper. La tristesse semble nous accabler au début, mais avec le temps, celle-ci laisse place à la compréhension de la raison pour laquelle nous devions traverser cette douleur. Quelle que soit la raison plus vaste justifiant cette expérience douloureuse, tandis que nous la traversons, nous pouvons guérir notre cœur plus rapidement grâce à ce beau mudra.

Ce mudra est très relaxant et bon pour les nerfs,
et il calmera et soignera un cœur brisé.

Chakra : Cœur - 4
Gorge - 5
Troisième Œil – 6

Couleur : Vert, Bleu, Indigo

Mantra : HUMME HUM HUM BRAHAM
(Invocation de votre Etre Infini)
Répétez mentalement à chaque respiration.

Asseyez-vous avec le dos droit. Tenez les paumes légèrement l'une contre l'autre, avec les extrémités du majeur au niveau du Troisième Œil. Les bras sont horizontaux. Les coudes de chaque côté. Maintenez ce mudra pendant au moins trois minutes.

RESPIRATION : LONGUE, PROFONDE ET LENTE ENTRE LES PAUMES DE VOS MAINS QUI SONT PLACEES COMME SI VOUS BUVIEZ DE L'EAU.

Mudra pour Eliminer la Fatigue

Quand la sensation de fatigue et d'épuisement vous submerge, vous pouvez vous sentir mieux avec ce simple mudra. Prenez quelques instants pour vous, calmez-vous et respirez.

Cette méditation amènera la guérison, stimulera votre énergie et améliorera votre intuition.

Chakra : Plexus Solaire - 3
Cœur – 4

Couleur : Jaune, Vert

Asseyez-vous le dos bien droit. Les coudes sur les côtés, formez des poings avec vos mains, à l'exception des index qui eux sont tendus, et placez vos mains au niveau du plexus solaire. La paume droite est dirigée vers le sol, la paume gauche vers le ciel. Placez l'index droit sur l'index gauche. Les doigts se croisent exactement au milieu de la deuxième phalange, de telle manière qu'un contact spécial a lieu entre les méridiens.

RESPIRATION : INSPIREZ LONGUEMENT, PROFONDEMENT, ET LENTEMENT PAR LE NEZ ET EXPIREZ LENTEMENT PAR LA BOUCHE ENTROUVERTE, AVEC FORCE, EN DIRIGEANT VOTRE SOUFFLE SUR LES EXTREMITES DES INDEX.
Méditez sur la sensation provoquée par votre souffle sur les doigts
et continuez pendant quelques minutes.

Mudra pour les Régimes Amaigrissants

La vraie beauté vient de l'intérieur. Nous avons chacun une beauté unique, cependant, elle est affectée par ce que nous mangeons. Lorsque nous mangeons de la nourriture saine, nous avons l'air en bonne santé et une apparence dynamique. Si vous mourrez d'envie de manger de la malbouffe, ce mudra vous aidera à vous en tenir à votre régime et à réfréner votre appétit, tout en vous donnant de l'énergie.

Ce mudra va développer votre champ électromagnétique et vous permettra de tirer de l'énergie de l'univers de façon à ce que vous puissiez facilement entretenir votre corps avec moins de nourriture.

Chakra : Base de la Colonne Vertébrale - 1
Plexus Solaire - 3
Couronne – 7
Couleur : Rouge, Jaune, Violet

Asseyez-vous avec la colonne vertébrale droite puis tendez vos bras devant vous, parallèles au sol avec les paumes dirigées vers le haut, les mains légèrement en forme de coupe. Déplacez très lentement vos bras vers l'arrière et sur les côtés aussi loin que possible, en les gardant parallèles au sol avec les paumes vers le haut. Ensuite, replacez très lentement vos bras dans leur position de départ, de telle sorte que les côtés des paumes entrent presque en contact devant vous. Répétez. Sentez l'énergie traverser votre Chakra de la Couronne et atteindre vos paumes. Tandis que les paumes se rejoignent, ressentez et résistez à l'attraction. Ce mouvement développe votre énergie intérieure. Continuez pendant au moins trois minutes. Quand vous éprouvez le besoin de vous détendre, placez vos mains devant la poitrine, les coudes pliés et les paumes en face l'une de l'autre. Gardez un écart de 8 centimètres entre les paumes et visualisez une boule d'énergie entre elles. Continuez pendant quelques minutes et détendez-vous.

RESPIRATION : LONGUE, PROFONDE ET LENTE.

Mudra pour se Recharger

Nous devons tous savoir comment nous recharger et régénérer à la fois notre esprit et notre corps pour tenir le coup face aux exigences quotidiennes tant personnelles que professionnelles. Vous pouvez pratiquer ce mudra à tout moment, et pratiquement n'importe où. Il vous suffira de quelques minutes seulement pour sentir la différence.

Ce mudra accroit l'énergie dans tout votre organisme et vous donne une plus grande capacité d'adaptation face aux difficultés de la vie et aux occupations quotidiennes. Dans ce mudra, les mains activent et rechargent le canal d'énergie principal situé dans votre colonne vertébrale, en le remplissant d'une nouvelle énergie dynamisante.

Chakra : Base de la Colonne Vertébrale - 1
Organes de Reproduction - 2
Couronne – 7

Couleur : Rouge, Orange, Violet

Asseyez-vous, la colonne vertébrale bien droite et tendez vos bras, droits devant vous, parallèles au sol. Formez un poing avec votre main droite. Enveloppez le poing avec les doigts de votre main gauche, tandis que les bases des paumes se touchent, et que les pouces sont près l'un de l'autre et tendus vers le haut. Concentrez votre regard sur les pouces.

RESPIRATION : CONTRÔLÉE, LONGUE, PROFONDE ET LENTE.
Continuez pendant quelques minutes et détendez-vous.

Mudra pour Equilibrer l'Energie Sexuelle

Nous sommes constamment bombardés de stimuli sexuels, de distractions et le sexe est aussi très présent dans les pubs des magazines et les spots publicitaires. En fait, ces images et ces comportements épuisent l'essentiel de notre énergie sexuelle et rendent nos relations sexuelles difficiles. Pourtant, la sexualité peut être une expérience merveilleuse, généreuse, spirituelle entre deux âmes, expérience qui doit être respectée et chérie. L'acte sexuel est l'occasion d'un échange puissant entre deux forces créatrices, acte dont l'influence se fait sentir pendant longtemps, il est donc très important de conserver une énergie sexuelle équilibrée et de la nourrir. Quand nous canalisons consciemment cette énergie, les expériences négatives du passé peuvent être guéries de même que la puissance sexuelle et le plaisir ultimes peuvent être atteints.

Ce mudra équilibre et canalise votre énergie sexuelle. Il nettoie et recharge les glandes qui affectent l'ensemble de votre système sexuel et reproductif. Si vous voulez de la force et avoir confiance en votre sexualité, croisez le pouce droit sur celui de gauche. Si vous souhaitez de la délicatesse et de la douceur, croisez le pouce gauche sur le pouce droit

Chakra : Organes de Reproduction – 2

Couleur : Orange

Asseyez-vous, la colonne vertébrale bien droite, les coudes légèrement sur les côtés. Serrez vos mains ensemble, en entrelaçant vos doigts. Laissez l'auriculaire gauche à l'extérieur de la main. En plaçant le pouce droit sur le pouce gauche, nous renforçons notre côté masculin, et quand le pouce gauche est placé sur le pouce droit, nous rechargeons le côté féminin de notre nature. Pressez vos mains l'une contre l'autre dans ce mudra, maintenez la posture pendant trois minutes et détendez-vous.

RESPIRATION : INSPIRATION ET EXPIRATION AVEC FORCE PAR LE NEZ.

Mudra pour la Longévité

Grâce à une bonne alimentation, de l'exercice et cette ancienne technique que sont les mudras, vous pouvez prolonger votre vie. L'horloge interne de votre corps est le facteur déterminant de votre longévité, et ce mudra fait appel à l'énergie de cette horloge et l'ajuste. Avec une pratique quotidienne régulière de trois minutes, trois fois par jour, vous améliorerez et prolongerez la durée de votre vie.

Ce mudra travaille sur l'influx nerveux, qui longe la moelle épinière et qui aide à créer un nouveau rythme corporel, augmentant de ce fait votre longévité

Chakra : Base de la Colonne Vertébrale - 1
Couronne – 7

Couleur : Rouge, Violet

Asseyez-vous, la colonne vertébrale bien droite et tendez vos bras devant vous parallèlement au sol en veillant à bien tendre vos coudes. Les paumes ouvertes sont tournées vers le ciel. Placez vos deux mains côte à côte en forme de coupe, comme si on allait y verser de l'eau. Maintenez pendant au moins trois minutes puis détendez-vous.

RESPIRATION : COURTE, RESPIRATION RAPIDE DE FEU,
EN SE FOCALISANT SUR LE NOMBRIL.

MUDRAS Pour Votre ESPRIT

*Votre esprit n'a pas de limites ...
Développez-le.*

Ces vingt-et-un mudras pour l'esprit sont une aide précieuse pour de nombreux problèmes très divers que vous avez créés vous-même dans votre esprit. Un état d'esprit confus est comparable à un cheval sauvage en pleine course. Avec de la discipline, vous pouvez faire en sorte de freiner la fougue de vos pensées incontrôlables et de maîtriser votre esprit. Lorsque vous indiquez à votre mental qui est le maître à bord, tout et n'importe quoi devient possible. Chassez vos fantômes intérieurs comme ceux de la peur et de l'insécurité, que vous avez auto-créés puis découvrez l'immense pouvoir de votre esprit grâce à ces pratiques de yoga.

Vous avez reçu le don divin du libre-arbitre. Vous êtes le seul à décider de ce que vous en faites. Nous créons notre propre destinée, et grâce à un esprit vif et acéré, vous pouvez définir, corriger et changer votre trajectoire pour le meilleur.

Vous pouvez pratiquer un seul mudra ou autant de mudras que vous le souhaitez chaque jour, jusqu'à ce que vos peurs et vos autres obstacles psychiques disparaissent. Au fur et à mesure que votre esprit s'éclaircira, vous comprendrez comment l'utiliser à votre service ou pour aider les autres. Quand on agit pour le bien de cette planète, on n'est jamais seul.

Mudra du Coucher pour se Lever du Bon Pied

Notre humeur matinale a un impact sur notre journée entière. Le fait de se réveiller bien disposé et reposé, plein d'énergie et d'inspiration, nous aidera à vivre plus heureux, en meilleure santé, et à vivre une vie plus épanouie et plus audacieuse.

Ce mudra doit être réalisé au moment du coucher pour vous donner un état d'esprit positif au réveil. Tout en le faisant, visualisez une boule de lumière blanche au-dessus de votre tête. Vous débuterez ainsi la journée suivante sous les meilleurs auspices en étant protégé et entouré de lumière blanche.

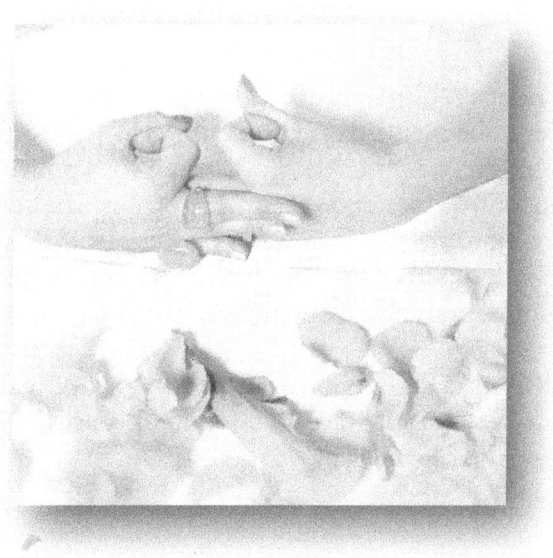

Chakra : Tous les Chakras

Couleur : Toutes les Couleurs

Mantra : HAR HARE WAHE, HAR HARE WAHE
(Dieu est le Créateur du pouvoir Suprême et de la Sagesse)
Répétez mentalement, inspirez en six fois et expirez en une seule fois longuement.

Asseyez-vous la colonne vertébrale bien droite, les coudes sur les côtés, les mains devant, à quelques centimètres du corps, juste au-dessus du nombril. Les paumes sont orientées vers le ciel. Enroulez vos pouces autour des index et tendez les majeurs, de même que les annulaires et les petits doigts puis faites en sorte que les doigts de la main droite soient en contact avec le dos des doigts de la main gauche. Gardez vos paumes vers le haut, la main gauche sur la main droite.

RESPIRATION : INSPIREZ SIX FOIS BRIEVEMENT, TOUT EN REPETANT LE MANTRA MENTALEMENT ET EXPIREZ EN UNE FOIS FORTEMENT. Continuez pendant trois minutes et augmentez progressivement le temps jusqu'à onze minutes.

Mudra pour Affronter la Peur

La peur nous empêche d'atteindre nos objectifs et nos rêves. Parfois, l'énergie créée en ayant peur de certaines choses, aura en fait l'effet inverse, précisément un effet d'attraction de ces situations dans notre vie.
Lorsque nous permettons à la peur d'avoir trop de pouvoir sur nous, nous pouvons voir "nos pires cauchemars devenir réalité ". Si cela se produit, voyez-le plutôt comme une opportunité de faire face à la peur et de la vaincre.

La main droite symbolise la protection divine ; la main gauche symbolise le fait de recevoir ce cadeau.
Ce mudra vous aidera à diminuer tout sentiment de peur.
Il est utilisé dans de nombreuses cultures et il est très puissant.

Chakra : Plexus Solaire - 3
Couronne – 7

Couleur : Jaune, Violet

Mantra : NIRBHAO NIRVAIR AKAAL MORT
(Sans Peur, Sans Ennemis, Dieu Personnifié Immortel)
Répétez mentalement à chaque respiration.

Asseyez-vous, la colonne vertébrale bien droite, pliez votre bras gauche au niveau du coude et positionnez la main devant vous à hauteur du nombril, la paume vers le haut. Levez le bras droit et placez votre main en avant de l'épaule droite avec la paume tournée vers l'extérieur, les doigts et le pouce tendus. Concentrez-vous sur votre Troisième Œil.

RESPIRATION : LONGUE, PROFONDE ET LENTE. Visualisez-vous comme étant protégé, inspirez ce sentiment positif et expirez la peur négative.

Mudra pour se Libérer de la Culpabilité

Nous portons tous en nous des sentiments de culpabilité. Peut-être qu'à un moment donné durant notre vie nous nous sommes comportés égoïstement ou avons exprimé de la colère. Nous croyons peut-être ne pas vraiment mériter d'être heureux, d'être chanceux ou aimé. Les expériences passées négatives peuvent nous empêcher d'avancer avec optimisme et joie dans nos vies. Nous pardonner nous-mêmes est une étape nécessaire afin de nous réaliser et d'avoir une vie à la fois saine et heureuse. La pratique de ce mudra est la première étape pour libérer son esprit du poids du passé.

Ce mudra stimule la production d'une énergie régénératrice qui aide à clarifier votre esprit et l'aide à s'orienter vers de nouvelles pensées et des possibilités positives.

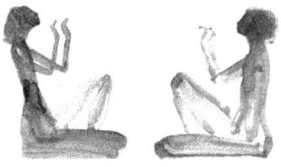

Chakra : Plexus Solaire – 3

Couleur : Jaune

Mantra : I AM THINE WAHE GURU
(Je suis ton Propre Enseignant Divin Intérieur)
Répétez mentalement à chaque respiration.

Asseyez-vous ou agenouillez-vous avec un dos droit, les coudes sur les côtés et amenez vos paumes au niveau situé entre l'estomac et le Chakra du cœur. Les paumes sont dirigées vers le ciel, la main droite reposant dans la main gauche. Les parties supérieures des bras sont légèrement décollées du corps. Respirez lentement et profondément. Pensez à une situation qui vous pèse et libérez ce sentiment à chaque expiration. A présent, remplacez-le par une affirmation positive "Je me pardonne" et remettez-vous en au Pouvoir Supérieur en lui demandant d'effacer toutes les fautes que vous auriez pu commettre.

RESPIRATION : LONGUE, PROFONDE ET LENTE.
Pratiquez pendant quelques minutes et détendez-vous.

Mudra pour Avoir un Caractère plus Affirmé

Nous voulons tous avoir des liens forts avec des personnes dévouées et fidèles, qu'il s'agisse d'amis, de partenaires de vie ou encore d'associés en affaires. Pour attirer des personnes ayant ces qualités dans nos vies, nous devons d'abord développer ces qualités en nous-mêmes. Triompher des épreuves morales de la vie - la tentation, la motivation égoïste et un caractère faible – épreuves auxquelles nous sommes confrontés chaque jour, renforce notre personnalité. Pourtant, si nous échouons face à elles, ces épreuves continueront à se présenter. La pratique de cette posture vous aidera à relever ces défis, à vous façonner un caractère fort et à attirer des personnes semblables dans votre vie.

Ce mudra change le fonctionnement de l'esprit et développe la joie de l'esprit ainsi que le pouvoir personnel.

Chakra : Plexus Solaire - 3
Troisième Œil – 6

Couleur : Jaune, Indigo

Mantra : HUMEE HUM BRAHAM
(Invocation du Moi infini)
Répétez mentalement à chaque respiration.

Asseyez-vous avec le dos droit et levez vos bras de chaque côté, les mains en forme de poings sans serrer. Les pouces sont à l'extérieur, les index sont tendus. Levez les mains en plaçant le poing gauche à hauteur de votre visage et le poing droit légèrement plus haut que votre visage. Les mains se font face. Gardez vos yeux ouverts et regardez au loin.

RESPIRATION : LONGUE, PROFONDE ET LENTE.
Répétez pendant quelques minutes et détendez-vous.

Mudra pour la Concentration

Une bonne capacité de concentration augmente votre aptitude à atteindre vos objectifs et à attirer à la fois des expériences et des personnes positives dans votre vie. Maîtriser et diriger le flux de vos pensées est le but ultime de la concentration et cela est nécessaire pour votre évolution spirituelle. Vous pouvez apprendre à vous concentrer à force de pratique.

*Ce mudra vous aide à retrouver votre calme tout en vous donnant la capacité de vous concentrer.
Les saints et les sages l'utilisaient quand ils atteignaient l'état de Samadhi,
ou le stade ultime de méditation extatique.*

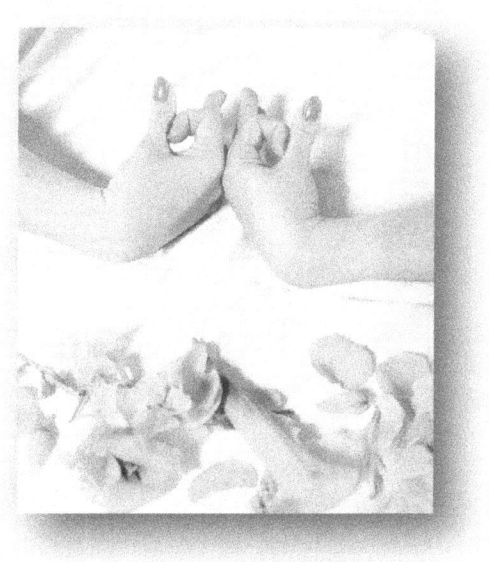

Chakra : Plexus Solaire - 3
Cœur - 4
Troisième Œil – 6

Couleur : Jaune, Vert, Indigo

Mantra : AKAL AKAL AKAL HARI AKAAL
(Créateur immortel)
Répétez mentalement à chaque respiration.

Asseyez-vous dans une position confortable avec la colonne vertébrale bien droite. Formez un cercle avec vos pouces et index et gardez le reste des doigts tendus, dirigés vers le haut. Amenez vos mains devant vous juste au-dessus de votre nombril de manière à ce que les doigts tendus se touchent dos à dos, en pointant vers le ciel. Fermez les yeux et concentrez-vous sur la zone de votre Troisième Œil.

RESPIRATION : LONGUE, PROFONDE ET LENTE. Immobilisez votre esprit et concentrez-vous sur une affirmation positive telle que :
"JE SUIS la lumière éternelle du monde ..."

Mudra pour Surmonter l'Anxiété

L'anxiété est une réaction fréquente face aux exigences et au stress de notre vie quotidienne. Vous pouvez contrôler votre anxiété grâce à la pratique quotidienne régulière de ce mudra.
Vous pouvez également désamorcer une bouffée soudaine d'anxiété en pratiquant immédiatement ce mudra durant quelques minutes. Vous ressentirez instantanément la différence et deviendrez plus calme et plus centré.

Ce mudra tient son effet calmant sur les nerfs, de la création d'un vortex d'énergie à chaque main, ce qui fait comme un conduit par lequel l'énergie de l'anxiété s'échappe.

Chakra : Plexus Solaire - 3
Cœur – 4

Couleur : Jaune, Vert

Mantra : HARKANAM SAT NAM
(Le Nom de Dieu est la vérité)
Répétez mentalement à chaque respiration.

Asseyez-vous avec la colonne vertébrale bien droite. Pliez vos coudes et levez vos bras de façon à ce qu'ils soient parallèles au sol et décollés de chaque côté. Vos mains devraient se trouver au niveau des oreilles, les doigts écartés et pointant vers le ciel. Faites des rotations avec vos mains d'avant en arrière en pivotant au niveau des poignets. Continuez pendant quelques minutes et détendez-vous.

RESPIRATION : LONGUE, PROFONDE, ET LENTE.

Mudra pour Transcender la Colère et Prévenir la Migraine

Nous avons tous le droit de nous fâcher à certains moments, mais garder en soi des émotions négatives n'est ni productif ni sain. Afin de vous aider à transcender les sentiments de colère et de comprendre comment les exprimer de manière appropriée, pratiquez ce mudra. Son effet immédiat et puissant vous aidera à canaliser votre colère pour lui trouver une issue favorable ou prendre une décision positive.
Ce mudra est également efficace pour prévenir et soulager les maux de tête si vous êtes fréquemment sujet aux migraines.

Ce mudra fonctionne en créant un équilibre émotionnel.
Les points de pression stimulés avec vos pouces libèrent la colère et ont un effet calmant immédiat.

Chakra : Tous les Chakras

Couleur : Toutes les Couleurs

Mantra : DIEU ET MOI, MOI ET DIEU NE FAISONS QU'UN
Répétez mentalement à chaque respiration.

Asseyez-vous dans une position confortable, la colonne vertébrale bien droite. Levez vos mains au niveau de votre front. Serrez les poings avec les paumes tournées vers l'extérieur puis gardez les pouces tendus et pointés l'un vers l'autre. De chaque côté, appuyez sur les points des arcades sourcilières, situés entre vos yeux et votre nez puis concentrez votre regard sur le bout de votre nez.

RESPIRATION : LONGUE, PROFONDE ET LENTE.
Continuez pendant trois minutes puis détendez-vous.

Mudra pour avoir un Esprit Vif

Ce mudra vous aidera à vous décider, en particulier lorsque vous êtes face à des prises de décision pouvant changer votre existence. Une pratique régulière de ce mudra au rythme de trois fois par jour durant trois minutes vous donnera des résultats en une semaine.

Ce mudra neutralise la partie centrale du cerveau et vous donne un esprit acéré.
Le mouvement des doigts stimule et masse le méridien qui influence votre patience,
votre contrôle émotionnel, votre plexus solaire, vos nerfs et votre vitalité.

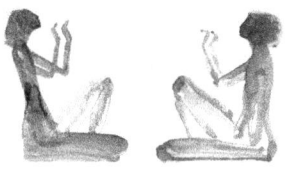

Chakra : Gorge - 5
Troisième Œil – 6

Couleur : Bleu, Indigo

Mantra : HARA HARE HARI
(Le Créateur en Action)
Répétez mentalement à chaque respiration.

Asseyez-vous avec le dos droit. Levez votre main gauche comme pour applaudir, puis avec l'index et le majeur de la main droite, lentement et en appuyant fortement, marchez en remontant au centre de la paume gauche jusqu'aux extrémités du majeur et de l'annulaire. Les doigts gauches tendus restent néanmoins souples et devraient céder légèrement sous la pression de la marche des autres doigts. Monter et descendre en marchant avec les doigts plusieurs fois tout en se concentrant sur le mouvement des doigts.

RESPIRATION : LONGUE, PROFONDE ET LENTE.

Mudra pour la Patience

La patience est une vertu que tout le monde peut développer. C'est un élément important pour avoir une vie plus heureuse et plus saine. Rappelez-vous : dans tout ce que vous faites, une fois que vous avez fait de votre mieux, détendez-vous et exercez-vous à la patience. Dites-vous que tout arrive au bon moment, même quand cela parait dénué de sens, et vous aiderez ainsi à ce que cela le devienne.

Ce mudra vous aidera à transformer votre frustration et vous permettra de devenir à la fois plus patient et tolérant. Vos mains activent des courants électriques qui canalisent l'énergie de guérison vers vos nerfs, vous procurant ainsi un apaisement et vous aidant à faire preuve de patience.

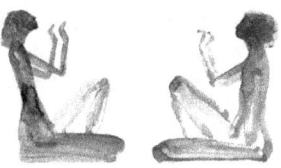

Chakra : Troisième Œil – 6
Couronne – 7

Couleur : Indigo, Violet

Mantra : EK ONG KAR SAT GURU PRASAAD
(Un seul Créateur, Illuminé par la Grâce de Dieu)
Répétez mentalement à chaque respiration.

Asseyez-vous avec le dos droit. Faites des cercles avec les extrémités des pouces et des majeurs, en gardant les autres doigts tendus. Les parties supérieures des bras sont parallèles au sol, les coudes décollés sur les côtés. Les mains sont au niveau de vos oreilles, les doigts pointant vers le ciel, les paumes tournées vers l'avant.

RESPIRATION : LONGUE, PROFONDE ET LENTE. Répétez pendant quelques minutes et observez-vous, sentez l'apaisement vous gagner à chaque respiration, de même que vous devenez plus patient.

Mudra pour le sentiment de Sécurité Intérieure

Chaque jour offre une nouvelle occasion de tester notre propre confiance en nous-même. Chaque fois que vous vous sentirez perdu dans ce monde immense et submergé par le doute, ce mudra rétablira votre confiance en vous et renforcera votre sentiment de sécurité intérieure. Vous devez vous rappeler : vous n'êtes jamais seul.

Ce mudra a une action positive et stimulante sur la région du cerveau qui affecte votre sentiment de sécurité.

Chakra : Plexus Solaire - 3
Cœur – 4

Couleur : Jaune, Vert

Mantra : AD SHAKTI AD SHAKTI
(Je m'Incline face à la Puissance du Créateur)
Répétez mentalement à chaque respiration.

Asseyez-vous avec une colonne vertébrale bien droite et placez vos mains dans une pose de prière inversée avec le dos des mains en contact. Tenez vos mains devant votre cœur. Imaginez que l'énergie se déplace en progressant du bas de votre colonne vertébrale vers le haut, jusqu'au sommet de votre tête. Tenez la pose pendant un instant, puis inversez la position des mains cette fois dans la pose de la prière, avec les paumes ensemble l'une contre l'autre, les pouces contre la poitrine. Tenez la pose pendant un instant, et répétez jusqu'à ce que vous vous sentiez calme et en sécurité.

RESPIRATION : LONGUE, PROFONDE ET LENTE.

Mudra pour Apaiser Votre Esprit

Avoir un esprit calme et posé vous permettra d'être centré et de vous concentrer mentalement, ce qui vous donnera une formidable aptitude pour réussir. Plus votre esprit sera calme, plus vous remarquerez l'agitation des autres, et plus vite vous pourrez atteindre vos objectifs.

Ce mudra stimule votre cerveau de telle façon qu'il calme votre activité mentale et vous aide à rester concentré.

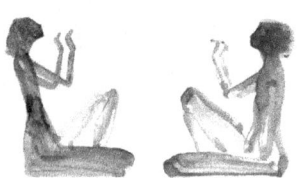

Chakra : Plexus Solaire - 3
Cœur - 4
Troisième Œil – 6

Couleur : Jaune, Vert, Indigo

Mantra : AKAL HARE HARI AKAL
(Dieu est Immortel dans sa Création)
Répétez mentalement à chaque respiration.

Asseyez-vous le dos bien droit et croisez vos bras devant la poitrine, les coudes sont repliés à quatre-vingt-dix degrés. Les bras sont parallèles au sol. Placez la paume de votre main droite sur le dessus du bras gauche et le dos de la main gauche en-dessous du bras droit. Les doigts sont groupés et tendus. Maintenez la posture de ce mudra et concentrez-vous pendant quelques minutes, puis détendez-vous.

RESPIRATION : LONGUE, PROFONDE, ET LENTE.

Mudra pour Tenir le Coup avec les Enfants

Les enfants requièrent constamment notre attention, nos conseils, notre patience et notre sagesse. Il n'est pas rare que les parents se sentent débordés par leur sens des responsabilités et d'avoir besoin d'un peu de temps pour eux-mêmes. Si vous disposez seulement de quelques instants pour faire une pause et prendre de la distance, il est très important d'utiliser ce temps efficacement afin de vous recharger. Ce mudra peut être pratiqué vite fait sur le pouce, si on a seulement quelques minutes de disponibles. Il fera des merveilles pour vous aider à vous occuper de vos enfants.

Ce mudra vous aidera à vous préparer pour assurer en tant que parent et répondre aux exigences que cela demande à tous les niveaux.

Chakra : Tous les Chakras

Couleur : Toutes les Couleurs

**Mantra : AAD SUCH
JUGAAD SUCH
HAI BHEE SUCH
NANAK HOSEE
BHEE SUCH**
(La Vérité au Commencement, la Vérité à tout Age,
La Vérité au Présent, la Vérité pour Toujours et à Jamais)
Répétez mentalement à chaque respiration.

Asseyez-vous dans une position confortable, la colonne vertébrale bien droite. Formez des cercles avec les extrémités des pouces et des index. Les autres doigts sont légèrement relâchés mais tendus vers l'extérieur, tandis que les mains reposent sur les genoux. Concentrez-vous sur le Chakra de la Couronne.

RESPIRATION : LONGUE, PROFONDE ET LENTE.
Continuez pendant trois minutes puis détendez-vous.

Mudra pour Eloigner les Difficultés

Les défis font partie de la vie et sont inévitables. Au lieu de les considérer comme des luttes et de les voir négativement, demandez-vous plutôt en conscience quelle opportunité parfaitement planifiée, et ayant pour but de vous faire grandir spirituellement, se cache derrière. Si vous avez le sentiment que vous avez été victime parfois de «malchance» et que vous vous êtes installé dans un schéma pessimiste et de confrontation aux difficultés, vous pourriez bien justement émettre une énergie qui attire de telles situations à une échelle encore plus grande. Grâce à ce mudra, votre esprit et votre cerveau peuvent restés branchés sur une fréquence positive et vous pouvez attirer de l'énergie positive de même que des gens positifs dans votre vie. Vous pouvez choisir de substituer le pouvoir et la force aux difficultés et à la souffrance, mais c'est à vous de décider quel sera votre état d'esprit. Une pratique régulière de ce mudra changera votre vie.

Ce mudra travaille sur le canal d'énergie central de votre corps et crée une vibration qui éloigne les difficultés et ouvre la voie à une énergie positive.

Chakra : Troisième Œil - 6
Couronne – 7

Couleur : Indigo, Violet

**Mantra : HAR HARE GOBINDAY
HAR HARE MUKUNDAY**
(Il est mon Souverain, Il est mon Libérateur)
Répétez mentalement à chaque respiration.

Asseyez-vous le dos bien droit et formez des poings avec les deux mains, les pouces à l'extérieur. Commencez à balancer les bras vers l'arrière en faisant des grands cercles, comme un pendule. Au départ, ils font un mouvement à l'avant et vers le haut, puis ils vont vers l'arrière et descendent.

RESPIRATION : LONGUE, PROFONDE ET LENTE.
Continuez pendant quelques minutes.
Détendez-vous puis restez assis immobile.

Mudra pour l'Efficacité

Combien de fois vous êtes-vous retrouvé dans une situation difficile et ne vous êtes-vous tout simplement pas senti suffisamment futé et centré pour y faire face ? Seulement quelques minutes de pratique de ce mudra avant une réunion, une évaluation ou une confrontation vous donneront les ressources nécessaires afin d'y faire face du mieux possible.

*Ce mudra a une influence sur tous les courants électriques de votre corps,
il amène tout le système nerveux ainsi que le système glandulaire à un état d'équilibre,
et il vous donne une efficacité à toute épreuve.*

Chakra : Cœur - 4
Troisième Œil – 6

Couleur : Vert, Indigo

Mantra : ATMA PARMATMA GURU HARI
(L'Ame, l'Ame suprême, l'Enseignant dans son Pouvoir et sa Sagesse Suprêmes)
Répétez mentalement à chaque respiration.

Asseyez-vous dans une position confortable, la colonne vertébrale bien droite. Pliez les coudes et levez vos mains, les paumes sont face à votre poitrine, de sorte qu'elles se superposent et se placent au niveau du cœur à quelques centimètres de distance du corps. Les doigts des deux mains sont tendus, les paumes tournées vers le corps. La paume de la main droite est placée sur le dos de la main gauche. Pressez les extrémités des pouces l'une contre l'autre et maintenez les mains et les avant-bras parallèles au sol.

RESPIRATION : INSPIREZ PROFONDÉMENT ET LENTEMENT, TENEZ LA RESPIRATION PENDANT DIX SECONDES, PUIS EXPIREZ SUR DIX SECONDES.
Attendre dix secondes avant d'inspirer à nouveau.
Continuez pendant quelques minutes puis détendez-vous.

Mudra pour Tranquilliser l'Esprit

Comme un océan ou une mer calme... C'est ainsi que nos esprits devraient être. Cela pourrait vous prendre pas moins d'une semaine de pratique quotidienne de ce mudra pour vous aider à mener une vie plus calme et plus paisible. Mais cela marcherait.

*Cet ancien mudra a été donné par Bouddha à ses disciples pour ravir et tranquilliser leurs esprits.
Il court-circuite l'énergie qui émane des soucis, des ruminations mentales
et la remplace par une vibration apaisante, bénéfique.*

Chakra : Plexus Solaire - 3
Cœur - 4
Gorge - 5
Troisième Œil – 6

Couleur : Jaune, Vert, Bleu, Indigo

Mantra : MAN HAR TAN HAR GURU HAR
(L'Esprit avec Dieu, L'Ame avec Dieu,
Le Guide Divin et sa Sagesse Suprême)
Répétez mentalement à chaque respiration.

Asseyez-vous avec une colonne vertébrale bien droite et, en pliant les coudes, amenez les mains au niveau du nombril. Repliez les index vers les paumes de manière à les presser l'un contre l'autre au niveau de la seconde phalange. Tendez vos majeurs afin que les pulpes des premières phalanges se touchent, leurs pointes étant dirigées à l'opposé de votre corps. Repliez les autres doigts dans vos paumes et mettez les extrémités des pouces en contact, pointées vers vous. Gardez la position de ce mudra à quelques centimètres de votre corps, coudes et mains à la même hauteur.

RESPIRATION : LONGUE, PROFONDE ET LENTE.
Continuez pendant quelques minutes et concentrez-vous.

Mudra pour Diminuer les Soucis

Nous nous inquiétons tous à propos de quelque chose. Alors que nous nous inquiétons parfois juste par habitude, à d'autres moments, nous sommes confrontés à des épreuves vraiment difficiles. Peu importe l'ampleur de vos problèmes, avec ce mudra, vous pouvez prendre du recul et les voir avec une meilleure perspective puis prendre votre vie en main.

Ce mudra atténuera vos inquiétudes.

Chakra : Cœur - 4
Gorge - 5
Troisième Œil – 6

Couleur : Vert, Bleu, Indigo

Asseyez-vous avec un dos bien droit et placez vos mains devant la poitrine, les paumes tournées vers le haut. Les petits doigts de même que les paumes se touchent par leurs côtés. Les majeurs sont placés perpendiculairement aux paumes, se touchant au niveau de leurs extrémités. Les pouces sont tendus et écartés des paumes. Faites ce mudra loin de votre poitrine.

RESPIRATION : LONGUE, PROFONDE ET LENTE.
Continuez pendant quelques minutes puis détendez-vous.

Mudra contre la Dépression

Durant les périodes sombres de la vie où tout semble triste, si vous pouvez trouver la force de faire ce mudra ne serait-ce que pendant onze minutes, vos sentiments dépressifs perdront en intensité. Pratiquez-le une fois par jour sur une semaine et notez la différence. (Si votre dépression dure déjà depuis deux semaines, consultez votre médecin).

La puissance de ce mudra aidera à guérir la pire des déprimes. La position de vos bras, de vos mains et des doigts enverra un stimulus positif de guérison vers vos hémisphères cérébraux, ce qui aura une influence sur vos glandes, et vous aidera à sortir de cet état. Vous devez pratiquer à chaque fois pendant au moins onze minutes.

Chakra : Cœur - 4
Gorge - 5
Troisième Œil – 6

Couleur : Vert, Bleu, Indigo

**Mantra : HARI NAM SAT NAM
SAT NAM HARI NAM**
(Dieu est la Vérité en Création)
Répétez mentalement à chaque respiration.

Asseyez-vous la colonne vertébrale bien droite. Tendez vos bras devant vous, les bras à hauteur du cœur. Placez vos mains ensemble dos à dos, les doigts dirigés à l'opposé de votre corps, en prêtant attention à ce que le plus d'articulations possible soient en contact. Vos avant-bras doivent être parallèles au sol autant que possible, les pouces dirigés vers le sol. Ce mudra crée beaucoup de tensions ou de crispations au niveau de l'envers de vos mains, toutefois ne le faites pas trop longtemps si vous sentez que cette posture force trop sur vos muscles ou vos tendons.

RESPIRATION : LONGUE, PROFONDE ET LENTE. Continuez pendant au moins onze minutes et sentez le sentiment dépressif diminuer à chaque expiration jusqu'à ce qu'il disparaisse.

Mudra pour Avoir Confiance en Soi

Un état d'esprit positif, une âme en paix et un corps sain sont nécessaires pour combler vos désirs dans la vie. La pratique quotidienne de ce mudra changera votre vie et vous rendra si confiant que vous inspirerez les autres.

Le pouvoir de ce mudra ajuste l'énergie au niveau des centres du cerveau qui contrôlent la perception et améliore votre capacité à projeter une énergie positive.
Ce mudra empêche également les pensées tout comme les actes d'auto-sabotage.

Chakra : Plexus Solaire - 3
Troisième Œil – 6

Couleur : Jaune, Indigo

**Mantra : EK ONG KAR SAT GURU PRASAD
SAT GURU PRASAD EK ONG KAR**
(Le Créateur est Celui qui Dissipe les Ténèbres et Nous Illumine par Sa Grâce)
Répétez mentalement à chaque respiration.

Asseyez-vous confortablement, la colonne vertébrale bien droite. Levez vos mains à une position située entre votre estomac et votre cœur, les coudes sont décollés de votre corps sur les côtés. Pour vos trois derniers doigts, mettez en contact leurs articulations du milieu. Dirigez vos deux index vers l'extérieur et à l'opposé de votre corps, en les mettant en contact au niveau de la pulpe des doigts. Vos pouces quant à eux, sont étirés autant que possible vers votre poitrine et se touchent au niveau de la dernière articulation et de l'extrémité. Vos pouces entrent en contact avec votre corps au niveau du plexus solaire.

RESPIRATION : LONGUE, PROFONDE, ET LENTE.
Maintenez la pose quelques minutes puis détendez-vous.

Mudra pour Avoir une Parole Impeccable

Avoir une parole impeccable est l'un des cinq préceptes, ou vertus, que le Bouddha a enseigné comme étant importants pour le cheminement spirituel. Une communication claire est essentielle pour notre survie. "Réfléchissez avant de parler "est un bon conseil, mais parfois nous avons tendance à faire des réponses impulsives et des déclarations qui nous blessent et blessent les autres. Ce mudra est votre solution pour mieux parler et pour mieux contrôler vos émotions. Il vous aidera à formuler ce que vous souhaitez de manière à obtenir ce que vous voulez. Vous vous ferez des amis et pas des ennemis.

Avec ce mudra, ce que vous direz sera cohérent avec vos véritables intentions.
Ce mudra vous aidera également à ne pas dire des choses que vous ne pensez pas.

Chakra : Plexus Solaire 3
Gorge – 5

Couleur : Jaune, Bleu

Mantra : HAR DHAM HAR
(Dieu est le Créateur)
Répétez mentalement à chaque respiration.

Asseyez-vous la colonne vertébrale bien droite. Détendez vos bras, gardez vos coudes près des côtes, puis montez vos mains au niveau de l'estomac, les paumes ouvertes à plat et vers le haut. Écartez vos doigts doucement et mettez en contact les extrémités des annulaires ensemble, le petit doigt de la main droite est sous le petit doigt de la main gauche. Maintenant, concentrez-vous et tendez les pouces et les index sans bouger le reste des doigts. Attendez quelques secondes puis relâchez. A présent, tendez les pouces et les majeurs, à nouveau sans bouger. Tenez la pose pendant quelques secondes et relâchez. Ensuite, tendez les pouces et les annulaires. Maintenez puis relâchez. Enfin, tendez les pouces avec les petits doigts, tenez la pose pendant quelques secondes et détendez-vous. Répétez le cycle en inversant la position des petits doigts puis détendez-vous.

RESPIRATION : LONGUE, PROFONDE ET LENTE.

Mudra pour Déverrouiller le Subconscient

Dans notre subconscient, nous portons la mémoire et les conséquences d'expériences positives et négatives. L'énergie de ces souvenirs négatifs - même s'ils sont inconscients – peut nous empêcher d'atteindre notre véritable potentiel. Avec ce mudra, vous pouvez plonger dans votre mémoire inconsciente, l'ouvrir et la nettoyer de ses blocages énergétiques, ce qui laissera de la place pour un nouvel afflux d'énergie positif et puissant. Ensuite, vous pourrez recentrer vos pensées et vos activités sur la réalisation de votre mission de vie.

Ce mudra vous soutiendra dans le processus d'auto-évaluation et de transformation grâce à la stimulation du Troisième Œil à l'aide des pouces et des doigts.

Chakra : Troisième Œil - 6
Couronne – 7

Couleur : Indigo, Violet

Mantra : ONG NAMO GURU DEV NAMO
(Je m'Incline devant l'Infinité du Créateur, J'Invoque la Conscience
Créatrice Infinie et la Sagesse Divine)
Répétez mentalement à chaque respiration.

Asseyez-vous, la colonne vertébrale bien droite. Détendez vos bras et levez-les devant vous, les coudes pliés de façon à ce que vos mains soient en face de votre estomac. Roulez les doigts de manière à ce que la pulpe de chaque extrémité touche les monts charnus situés à la base des doigts. Les bouts des pouces sont ensemble et la deuxième phalange de chacun des majeurs est l'une contre l'autre. Aucun autre doigt ne se touche. Dirigez vos pouces légèrement vers le Chakra du cœur.

RESPIRATION : LONGUE, PROFONDE ET LENTE. Concentrez-vous sur la chaleur entre les pouces, continuez pendant quelques minutes et détendez-vous.

Mudra pour la Compassion

Chacun de nous est né dans des circonstances et un environnement différents. Certaines personnes semblent plus chanceuses que d'autres, nous devons donc toujours nous rappeler du nombre de bienfaits dont nous jouissons et nous rappeler d'avoir de la compassion pour ceux qui ont moins de chance. On ne peut jamais vraiment imaginer la situation de quelqu'un d'autre à moins d'avoir connu un jour une expérience similaire. La pratique du non-jugement et de la compassion dans nos cœurs est la clé pour progresser sur notre voie spirituelle et pour envoyer de bonnes énergies partout dans l'univers.

Ce mudra mobilise le Chakra du cœur, centre de la compassion mais mobilise aussi l'énergie de guérison des mains. Il augmente la circulation du sang vers le cerveau, clarifie l'esprit et améliore la concentration.

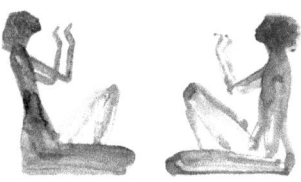

Chakra : Cœur – 4

Couleur : Vert

Mantra : AKAL AKAL SIRI AKAL
(Intemporel est Celui qui Atteint la Perfection de l'Esprit)
Répétez mentalement à chaque respiration.

Asseyez-vous, la colonne vertébrale bien droite. Étendez vos bras sur les côtés et parallèlement au sol avec les paumes tournées vers l'avant. Écartez les doigts et maintenez-les immobiles. Tournez la tête vers la droite et redirigez la tête vers le centre quatre fois de suite, puis vers la gauche et retour au centre quatre fois. Continuez pendant quelques minutes et concentrez-vous sur votre Chakra du cœur. Soyez conscient de l'énergie circulant dans vos mains.

RESPIRATION : INSPIREZ LONGUEMENT EN UNE FOIS TANDIS QUE VOUS TOURNEZ VOTRE TÊTE VERS LA DROITE ET EXPIREZ EN UNE FOIS LONGUEMENT ALORS QUE VOTRE TETE RETOURNE VERS LE CENTRE. REPETEZ LE MOUVEMENT DE L'AUTRE COTE.
Détendez-vous et restez assis immobile pendant quelques minutes.

MUDRAS Pour Votre AME

Votre Ame est immortelle...
Célébrez-la.

Ce chapitre contient seize mudras qui vous aideront à vous connecter à l'énergie de l'amour et du pouvoir divins, à l'énergie de la sagesse divine, ainsi qu'à faire confiance à cette énergie qui est à la source de la vie de tous les êtres et qui les maintient en vie. Lorsque vous avez besoin d'être guidé, besoin d'amour et de force intérieure, vous pouvez nourrir votre âme avec la pratique des mudras. Une fois que vous avez répondu à vos propres besoins, vous pouvez continuer à développer votre propre énergie afin de vous renforcer et de vous connecter à l'univers, afin d'être capable d'aider les autres dans le besoin.

Vous pouvez pratiquer un ou plusieurs mudras par jour. Ceux-ci vous aideront à vous sentir emplis de paix, de joie et à être certains que vous êtes profondément aimé et protégé par votre créateur. Après avoir pratiqué, prenez quelques instants, dans la paix et dans le silence les plus absolus, pour en ressentir les effets. Si vous faites votre part, en restant ouvert au Divin, l'univers conspirera pour vous.

Mudra pour la Dévotion

L'objectif principal du yoga est de devenir centré, calme et de ne faire qu'un avec le Divin, Dieu ou l'intelligence Universelle. Le fait d'être respectueux face à la Force Supérieure, de s'appuyer sur elle et d'être en phase avec l'univers, sont des prérequis nécessaires à la paix intérieure. Lorsque nous réalisons que nous sommes tous égaux, et tous reliés à la source ultime de l'énergie spirituelle, nous nous sentons forts et en harmonie.

Le Mudra pour le Dévotion est le symbole universel de la prière et il a été utilisé dans le monde entier par des saints et des sages de nombreuses cultures et de traditions spirituelles différentes. Parfois, on commence par s'incliner pour montrer notre humilité face au Pouvoir Divin. Le fait de mettre en contact les paumes ainsi que tous les doigts, symbolise l'unité avec le Divin et amplifie l'énergie de guérison en nous-mêmes.

Chakra : Toutes les Chakras

Couleur : Toutes les Couleurs

Mantra : EK ONG KAR
(Un Seul Createur, Dieu est Un)
Répétez mentalement à chaque respiration.

Asseyez-vous dans une position confortable. Joignez vos paumes ensemble devant votre poitrine. Concentrez-vous sur le Chakra du Troisième Œil.

RESPIRATION : LONGUE ET PROFONDE.
Apaisez votre esprit et continuez pendant au moins trois minutes..

Mudra pour la Joie

La joie est un état d'esprit qui vient de l'intérieur, tout comme la vraie beauté émane de notre état spirituel intérieur. Vous pouvez choisir d'aborder en conscience, chaque journée et ses événements, avec un regard positif, joyeux et d'apprécier ce que vous avez. Avec une pratique régulière de ce mudra, vous pouvez être heureux, avoir l'air heureux et être un exemple positif pour les autres. Mettez un point d'honneur à être heureux aujourd'hui, demain et pour le reste de votre vie.

L'action de ce mudra sur votre état d'esprit est puissante et vous aide à vous sentir joyeux.

Chakra : Cœur – 4

Couleur : Vert

Asseyez-vous confortablement avec la colonne vertébrale bien droite. Repliez les annulaires et les petits doigts dans vos paumes et appuyez dessus fermement mais doucement avec les pouces. Gardez les deux premiers doigts tendus et tout droit. Gardez votre colonne vertébrale droite et soulevez les coudes sur les côtés et loin du corps.

RESPIRATION : CONTRÔLÉE, LONGUE ET PROFONDE, EN SE CONCENTRANT SUR LE TROISIEME OEIL TANDIS QUE VOUS RESPIREZ.

Mudra pour l'Amour

Que ce soit l'amour pour un enfant, un conjoint, un parent, un ami, un amoureux ou tout autre être vivant, l'amour nous transforme. L'amour fait que la vie vaut la peine d'être vécue. Partager notre amour avec le monde et enseigner l'amour aux autres est la mission spirituelle à la base de la vie de chacun. Aimez-vous, aimez l'humanité et Dieu, et vous atteindrez n'importe quel objectif.

Ce mudra active les courants d'énergie qui stimulent l'émotion d'amour.

Chakra : Cœur – 4

Couleur : Vert

Mantra : SAT NAM WAHE GURU
(Dieu Est la Vérité, Il est le Pouvoir et la Sagesse Suprêmes)
Respiration sur huit temps, expiration sur un temps.
Répétez le mantra deux fois mentalement lorsque vous inspirez.

Asseyez-vous, la colonne vertébrale bien droite. Repliez le majeur et l'annulaire dans vos paumes tandis que vous tendez les pouces et les autres doigts. Gardez les coudes en l'air, concentrez-vous et continuez pendant quelques minutes, ressentez l'amour et la lumière autour de vous.

RESPIRATION : INSPIREZ SUR HUIT TEMPS,
EXPIREZ EN UNE SEULE FOIS FORTEMENT.

Mudra pour l'Energie Universelle et l'Eternité

Nous utilisons seulement une petite partie de notre conscience chaque jour. La pratique de ce mudra stimulera votre cerveau en entier de manière à ce que vous puissiez agrandir sa capacité. En maintenant le flot d'énergie à la fois dans tout votre corps et dans votre esprit, et en apprenant comment recharger ceux-ci chaque jour, vous restez étroitement en lien avec l'énergie vitale et celle de l'univers comme un tout.

Ce mudra est bénéfique pour l'ensemble de votre organisme.
Les mains sont vos canaux pour puiser l'énergie vitale et la diriger vers votre corps,
votre esprit et vers votre âme.

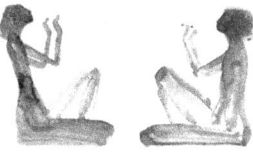

Chakra : Base de la Colonne Vertébrale - 1
Couronne – 7

Couleur : Rouge, Violet

Mantra : HAR HARE HAREE WAHE GURU
(Dieu le Créateur du Pouvoir et de la Sagesse Suprêmes,
L'Enseignant et le Guide Spirituel au travers des Ténèbres)
Répétez mentalement à chaque respiration.

Asseyez-vous, la colonne vertébrale bien droite. Pliez les coudes, ouvrez vos bras de chaque côté et levez vos mains à hauteur du cœur. Vos bras et votre torse formant deux V. Gardez les paumes tournées face vers le ciel avec les doigts rapprochés. Concentrez-vous sur votre Troisième Œil et ressentez le flux d'énergie dans vos paumes. Détendez-vous et goûtez à un profond sentiment de paix.

RESPIRATION : LONGUE, PROFONDE ET CONTRÔLÉE.

Mudra pour Avoir Confiance

Aucune relation ne peut durer dans le temps sans confiance. Mais d'abord, vous devez avoir foi et confiance en vous, en votre esprit ainsi que foi et confiance en la plus grande sagesse de l'univers. Vous faites-vous confiance ? Avez-vous foi en vous ? Nous sommes tous connectés à la force créatrice suprême et à l'Esprit Divin, qui nous entourent mais qui se trouvent également en nous. Nous ne sommes jamais seuls et nous ne sommes jamais oubliés. Avoir confiance en vous et dans les forces spirituelles vous aidera à attirer les gens et les relations dans lesquelles vous êtes en confiance. Le pouvoir de la victoire est toujours en vous. Tout commence avec vous.

Ce mudra vous aidera à avoir confiance, à avoir la foi et un équilibre spirituel afin que vous puissiez relever tout défi et voir Dieu dans tous les aspects de votre vie.

Chakra : Couronne – 7

Couleur : Violet

Mantra : HAR HAR HAR WAHE GURU
(Création de Dieu, son Pouvoir et sa Sagesse Suprêmes)
Répétez mentalement à chaque respiration.

Asseyez-vous avec un dos droit et formez un cercle avec vos bras, disposés en arche au-dessus de votre tête, les paumes tournées vers le bas. Les femmes doivent mettre leur paume droite sur le dos de la main gauche. Les hommes mettent la paume gauche sur le dos de la main droite. Pressez légèrement les extrémités des pouces l'une contre l'autre, votre dos reste droit, et visualisez un cercle d'énergie protectrice tout autour de vous.

RESPIRATION : COURTE, RESPIRATION RAPIDE DE FEU, EN SE FOCALISANT SUR LE NOMBRIL. Tenez la posture du mudra et continuez pendant quelques minutes. Ensuite, détendez-vous puis restez assis immobile.

Mudra pour l'Intégrité Intérieure

Nous rencontrons tous des situations difficiles qui mettent notre personnalité à l'épreuve. Même lorsque nous avons envie de réagir à un défi particulier, impulsivement et sous le coup de l'émotion, nous devons néanmoins nous rappeler de répondre de la manière la plus intelligente et rationnelle possible. En conservant notre intégrité, nous pouvons nous épargner ainsi que nos proches, beaucoup de chagrin, de regret et de souffrance inutile. Quand vous êtes confronté à une telle situation, isolez-vous durant quelques minutes, pratiquez ce puissant mudra, et remarquez les changements qui s'opèrent dans votre cœur et votre esprit.

Ce mudra renforcera votre capacité à garder votre présence d'esprit et votre intégrité intérieure afin que vous puissiez faire des choix adéquats et donner les réponses appropriées dans un contexte stressant.

Chakra : Gorge - 5
Troisième Œil – 6

Couleur : Bleu, Indigo

Mantra : SAT NAM
(La Vérité est le Nom de Dieu, Un en Esprit)
Répétez mentalement à chaque respiration.

Asseyez-vous, la colonne vertébrale bien droite, les bras levés parallèles au sol, vos coudes pliés de sorte que vos avant-bras soient perpendiculaires. Placez vos mains à hauteur des oreilles, les paumes vers l'extérieur. Roulez vos doigts vers l'intérieur afin qu'ils touchent vos paumes. Sortez vos pouces tout droits et dirigez-les vers vos tempes. Pratiquez pendant au moins trois minutes, puis détendez-vous.

RESPIRATION : COURTE, RESPIRATION RAPIDE DE FEU,
EN SE FOCALISANT SUR LE NOMBRIL.

Mudra pour Appeler la Force Intérieure

Nous avons tous en nous beaucoup de force intérieure et de sagesse intérieure. Dans cette compréhension innée se trouvent toutes les réponses à nos problèmes. La pratique de ce mudra vous aidera à puiser dans ce puits de force intérieure. Ce mudra vous met en contact avec la force éternelle universelle qui se trouve à l'intérieur de vous.

En tenant les mains dans cette posture devant votre poitrine,
vous activez l'énergie du Troisième et du Quatrième Chakras,
ce qui vous donnera de la force intérieure et du courage.

Chakra : Plexus Solaire - 3
Cœur – 4

Couleur : Jaune, Vert

Asseyez-vous, la colonne vertébrale bien droite. Roulez vos index et recouvrez-les avec vos pouces en roulant ces derniers sur eux. Tendez les trois autres doigts. Votre main droite est légèrement sous la main gauche. Placez vos mains devant votre poitrine, en gardant les coudes décollés sur les côtés afin que les avant-bras et les mains forment une ligne parallèle au sol.

RESPIRATION : INSPIREZ EN QUATRE FOIS PAR LE NEZ, FORMEZ UN O AVEC VOS LEVRES, EXPIREZ EN SIFFLANT. Continuez pendant trois minutes, puis détendez-vous et ressentez la force en vous.

Mudra pour la Sagesse

Nous pouvons nous connecter à notre sagesse divine et innée en clarifiant notre esprit, en nous concentrant, et en pratiquant cet ancien mudra. Il participera à résoudre tout conflit auquel vous êtes confronté, en vous aidant à la fois à voir plus loin que vos seuls problèmes individuels et en les inscrivant dans un contexte plus grand, ainsi qu'en voyant la signification plus profonde qui se cache derrière toute situation. Cette plus grande perspective vous permettra non seulement de vous aider vous-même mais aussi d'aider les autres. Il s'agit d'un mudra très puissant, mais il nécessite une pratique assidue. Faites-le tous les jours pendant trois semaines et vous pourrez percevoir plus facilement quelles sont les réponses à vos questions et quels sont les buts se cachant derrière les défis de votre vie.

Ce mudra stimule l'échange nerveux au niveau du cerveau, ayant ainsi une action bénéfique sur l'esprit, et il vous ouvre l'accès à des connaissances supérieures ainsi qu'à la sagesse.

Chakra : Troisième Œil – 6

Couleur : Indigo

Asseyez-vous avec le dos droit. Pliez vos pouces dans chaque paume et vos trois derniers doigts par-dessus. Vos index restent tendus. Gardez vos épaules basses et relâchées, puis décollez vos coudes de chaque côté. Amenez vos mains, ainsi fermées, devant la poitrine et accrochez vos index l'un à l'autre, la paume droite étant tournée vers le sol, la paume gauche étant face à votre poitrine, et les avant-bras étant parallèles au sol.

RESPIRATION : LONGUE, PROFONDE ET LENTE. Restez dans ce mudra pendant une durée allant de trois à onze minutes, détendez-vous, puis demeurez assis immobile.

Mudra pour la Douceur

Il arrive qu'à des moments nous soyons simplement au mauvais endroit, au mauvais moment et que nous soyons durs, et peu amicaux envers ceux qui sont les plus proches de nous. Nous pouvons réagir sans réfléchir, et alors que nous ne voulions probablement pas dire ce que nous avons dit ou faire ce que nous avons fait, nos paroles ou nos comportements ont pu causer de gros dégâts. Si on ne nous a jamais appris ou que nous n'avons jamais fait l'expérience du calme et de la douceur étant enfant, il peut être difficile pour nous d'être gentil une fois adulte. La douceur est une des plus grandes qualités de l'âme, et en la cultivant nous pourrons attirer des gens gentils et aimants dans nos vies et connaître ainsi un grand bonheur, de même qu'atteindre un plus grand degré d'épanouissement personnel.

Ce mudra ajustera le champ électromagnétique du cerveau et vous apportera calme et douceur.

Chakra : Gorge - 5
Couronne – 7

Couleur : Bleu, Violet

Mantra : HARI ONG HARI ONG TAT SAT
(Dieu en Action, la Vérité Ultime)
Répétez mentalement à chaque respiration.

Asseyez-vous avec un dos droit. Fermez les poings et mettez le bord de chaque poing (la tranche de la main) de chaque côté de vos tempes. Appuyez les poings légèrement contre les tempes puis ensuite, écartez les doigts. Fermez les yeux. De nouveau, fermez les poings, en gardant les bords de chaque poing (les tranches des mains) appuyés contre les tempes.

RESPIRATION : LONGUE, PROFONDE ET LENTE. Pratiquez pendant quelques minutes, détendez-vous puis restez assis immobile.

Mudra pour Développer la Méditation

Certains d'entre nous peuvent avoir du mal rien qu'à l'idée de rester assis pendant plusieurs secondes. Nous avons tous du mal à rester assis à différentes périodes de notre vie. La méditation n'est qu'une question de discipline et de pratique. Apprendre comment immobiliser son esprit et comment méditer ne serait-ce que durant trois minutes est essentiel pour votre bien-être. Une courte méditation quotidienne changera votre vie pour le mieux, et plus tôt vous commencerez plus tôt vous connaitrez de merveilleux résultats à tous les niveaux et dans tous les domaines de votre vie.

Il s'agit d'une méditation pour quelqu'un qui ne peut pas méditer.
Elle apportera focalisation et sérénité à l'esprit le plus incohérent ou dispersé.
Le mantra vous aidera à vous concentrer sur la seule force universelle, «le battement de cœur de la vie»,
qui se trouve en chacun de nous.

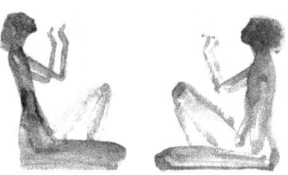

Chakra : Tous les Chakras

Couleur : Toutes les Couleurs

Mantra : SAT NAM
(La Vérité est le Nom de Dieu, Un en esprit)
Répétez mentalement à chaque battement de votre pouls.

Asseyez-vous avec le dos droit. Avec les quatre doigts de votre main droite regroupés ensemble pour former une ligne, sentez le pouls sur votre poignet gauche. Appuyez légèrement les doigts afin que vous puissiez sentir le pouls dans chaque extrémité. Les paumes sont l'une dans l'autre. Fermez les yeux et concentrez-vous sur votre Troisième Œil.

RESPIRATION : LONGUE, PROFONDE ET LENTE.
Pratiquez ce mudra pendant trois minutes par jour pendant une semaine.

Mudra pour Etre Guidé

Chaque âme de ce monde a reçu le don de la connaissance spirituelle et de la sagesse. Les réponses à toutes vos questions se trouvent dans votre cœur et vous y avez accès à tout moment, vingt-quatre heures par jour, week-ends inclus, sans frais, ni aucune liste d'attente, ni vérification de solvabilité, ou encore sans réservations requises. Vous avez une place VIP. Tout ce que vous avez à faire est de vous calmer, de vous centrer, de vous détendre, et d'utiliser ce mudra comme la clé pour ouvrir la porte. Demandez et vous devriez recevoir.

*Vous recevez de l'énergie et des grâces dans la paume de vos mains.
L'action de se pencher sur elles enverra une énergie de guérison vers votre esprit
et vous aidera à recevoir des conseils et à être guidé.*

Chakra : Couronne

Couleur : Violet

Asseyez-vous, la colonne vertébrale bien droite. Joignez vos mains en face de votre poitrine, les petits doigts pressés l'un contre l'autre pour avoir les mains légèrement en forme de coupe avec les paumes tournées vers le ciel. Laissez juste une petite fente entre les petits doigts. Concentrez votre regard vers le bout de votre nez, en direction des paumes.

RESPIRATION : LONGUE, PROFONDE ET LENTE, DIRIGEE VERS VOS PAUMES.

Mudra pour Obtenir de l'Aide en cas de Situation Grave

La douleur et la tristesse peuvent nous submerger sans crier gare, et il est important que nous sachions comment nous préserver et rester intègre dans notre âme, dans notre esprit et dans notre corps. Le cœur est le centre des émotions et de l'amour, et quand une expérience est particulièrement déchirante, vous pouvez réellement ressentir physiquement une douleur dans la poitrine et dans la région du cœur. Le pouvoir de guérison de vos mains est utilisé dans ce mudra pour vous aider à recharger, à renforcer et à équilibrer votre cœur ainsi que votre être en entier.

Ce mudra simple et ancien vous aidera à trouver une solution à n'importe quelle situation grave ou n'importe quel conflit que vous pourriez rencontrer.

Chakra : Cœur – 4

Couleur : Vert

Mantra : HUMME HUM, BRAHAM HUM, BRAHAM HUM
(Invocation de votre Etre Infini)
Répétez mentalement à chaque respiration.

Asseyez-vous, la colonne vertébrale bien droite. Placez vos paumes sur la partie supérieure de votre poitrine, les doigts dirigés les uns en face des autres, les coudes décollés des deux côtés. Les mains sont relaxées avec les doigts tendus. Cette position est très confortable avec très peu d'appuis et aucune tension dans les bras et mains.

RESPIRATION : LONGUE, PROFONDE ET LENTE. Recommencez à plusieurs reprises et remarquez combien vous êtes de plus en plus entouré de calme et de paix à chaque fois.

Mudra pour une Perspicacité Puissante

Lorsque vous ne savez pas quoi faire ou comment remédier à un problème ou que vous vous sentez seul et confus, n'oubliez pas que vous pouvez trouver la réponse en vous. Il vous suffit de respirer profondément, de vous calmer et de vous concentrer. Grâce à ce mudra, vous recevrez l'éclairage dont vous avez besoin. Une pratique régulière affinera votre intuition de telle sorte que vous pourrez l'utiliser non seulement pour vous-même, mais aussi pour aider d'autres personnes à atteindre elles-mêmes le même potentiel. Nos âmes renferment tous les outils dont nous avons besoin.

Ce mudra coordonne les deux zones du cerveau et stimule les centres de l'intuition.

Chakra : Troisième Œil – 6

Couleur : Indigo

Asseyez-vous, la colonne vertébrale bien droite, les coudes décollés de chaque côté. Levez vos mains de manière à ce qu'elles se rencontrent au-dessus du nombril. Le dos de la main gauche repose dans la paume de la main droite et les pouces se croisent, le gauche au-dessus du droit. Concentrez-vous sur votre Troisième Œil.

RESPIRATION : LONGUE, PROFONDE ET LENTE.

Mudra pour le Contentement

Nous connaissons tous des moments malheureux, mais parfois nous les portons en nous plus longtemps que nécessaire. Vivre dans le passé affecte votre présent et votre futur, il est donc important pour vous d'atteindre un degré de sérénité et de contentement duquel vous pourrez contempler votre vie. Pratiquer ce mudra durant quelques minutes vous donnera des résultats immédiats. Une pratique quotidienne transformera votre vie.

Ce Mudra vous procure une sensation de confort et de satisfaction. Les points de contact entre les doigts réorientent et équilibrent votre énergie corporelle de même qu'ils renforcent votre capacité intérieure à être en contact avec votre Moi supérieur.

Chakra : Plexus Solaire – 3

Couleur : Jaune

**Mantra : SARE SA SA SARE
SA SA SARE HARE HAR**
(Dieu est Infini dans Sa Créativité)
Répétez mentalement à chaque respiration.

Asseyez-vous, la colonne vertébrale bien droite. Faites un cercle avec le pouce et le majeur de la main droite et un autre cercle avec le pouce et le petit doigt de la main gauche. Relaxez-vous mais tendez les autres doigts. Gardez les mains à quelques centimètres de distance de votre nombril. <u>Les hommes doivent prendre la posture inverse tant au niveau de la position des mains que des doigts</u>.

RESPIRATION : LONGUE, PROFONDE ET LENTE.
Méditez quelques minutes, puis fermez les poings puis détendez-vous.

Mudra pour la Prospérité

La prospérité qu'elle soit physique, émotionnelle ou matérielle est votre droit de naissance. Comment l'obtenir ? Premièrement, ayez un but et une intention clairs. Visualisez-vous comme ayant déjà atteint votre rêve et voyez-vous déjà en train de le vivre. Puis, avec ce mudra, vous vous débarrassez de tout blocage énergique issu de votre passé, qu'il soit mental et émotionnel, et qui se trouve en travers de votre route. Ensuite, vous devez mettre en pratique un plan d'action réaliste. Pratiquez ce mudra durant onze minutes chaque jour, pendant quatre semaines et voyez ce qui se passe. Vous devriez voir votre chemin s'éclaircir et vos efforts récompensés.

En bougeant les mains dans cette position, vos paumes deviennent un réceptacle pour la force de guérison. Lorsque vous réalisez ce mudra en psalmodiant "Har", vous devez manifester la prospérité et vous la recevrez.

Chakra : Base de la Colonne Vertébrale - 1
Organes de Reproduction - 2
Plexus Solaire – 3

Couleur : Rouge, Orange, Jaune

Mantra : HAR HAR
(Dieu Dieu)
Répétez à haute voix sur chaque expiration, et à chaque mouvement de la main, concentrez votre énergie sur le nombril.

Asseyez-vous, la colonne vertébrale bien droite et placez vos index côte à côte, en cachant vos pouces à l'intérieur des paumes, les paumes sont orientées face au sol. Appuyez les côtés des index l'un contre l'autre fermement et maintenez la pose pendant une seconde. Ensuite, pivotez les mains de façon à ce que les paumes soient face au ciel pendant une seconde, les mains se touchant sur la tranche (du côté des petits doigts). Puis, tournez à nouveau les paumes vers le sol, en mettant toujours les bords des mains en contact. Quand vous inversez la position de vos mains, répétez le mantra "Har". Continuez pendant trois à onze minutes.

RESPIRATION : COURTE, RESPIRATION RAPIDE A CHAQUE CHANGEMENT DE POSITION DES MAINS. RESPIREZ EN VOUS CONCENTRANT SUR LE NOMBRIL ET RÉPÉTEZ LE MANTRA.

Mudra pour Elever le Niveau de Conscience

Atteindre un état de conscience supérieure est le but ultime du voyage de la vie. Nous aimerions tous pouvoir demeurer dans un centrage paisible, au beau milieu des tempêtes quotidiennes, tandis que tous ceux qui nous entourent éprouveraient une certaine confusion. Toutes les réponses sont en vous, toujours à votre disposition et à tout instant, mais accéder à ce pouvoir intérieur exige une pratique et une discipline appropriées. Cela dépend de vous. Chaque fois que vous rechercherez une réponse en conscience, vous trouverez celle dont vous avez besoin. Vous l'avez toujours sue.

Ce mudra vous aidera à atteindre un niveau de conscience plus élevé, à avoir une intuition plus profonde et à augmenter votre force spirituelle - tout ceci favorisera votre compréhension du dessein qui se cache derrière les événements et les défis quotidiens.

Chakra : Plexus Solaire - 3
Couronne – 7

Couleur : Jaune, Violet

Asseyez-vous, le dos bien droit. Joignez vos paumes, décollez vos coudes de chaque côté, et levez vos mains au-dessus de la zone du plexus solaire. Les doigts sont dirigés dans la direction opposée à votre corps. Chaque pouce est placé sur le mont charnu en-dessous du petit doigt de la même main. Joignez les paumes, en plaçant confortablement le pouce droit au-dessus du pouce gauche. Les tranches des mains sont fermement en contact. Maintenez les mains à quelques centimètres du corps.

RESPIRATION : LONGUE, PROFONDE ET LENTE. Répétez pendant quelques minutes puis augmentez ce temps progressivement. Relaxez-vous et appréciez.

LA SEQUENCE DE MUDRA SACRÉE

Pour la Purification et l'Equilibre Mental, Emotionnel et l'équilibre Energétique du Corps

Cette séquence de mudra très spécifique s'appelle Kirtan Kriya. Il s'agit d'un excellent outil qui est efficace pour nettoyer votre champ Astral et amener le corps mental, physique et émotionnel à un état d'équilibre. La glande pituitaire et la glande pinéale sont stimulées, les schémas de pensées négatifs peuvent être effacés et un nouvel équilibre mis en place.

Asseyez-vous, la colonne vertébrale bien droite et posez les poignets sur vos genoux.
Si cela est possible, tendez vos coudes. Fermez les yeux et concentrez-vous mentalement sur la zone du Troisième Œil. Vous allez connecter l'extrémité de chaque pouce aux extrémités des autres doigts dans une séquence bien déterminée, en répétant le mantra.

MANTRA:

SA TA NA MA
(Infini, Vie, Mort, Réincarnation)

TIMING :
La séquence composée du Mudra et du Mantra se répète comme suit :
3 minutes à voix haute normalement
3 minutes en chuchotant fortement
6 minutes en silence - mentalement
3 minutes en chuchotant fortement
3 minutes à voix haute normalement

Avec une pratique régulière, vous pouvez éventuellement augmenter le temps de chaque section à 5 minutes et celui de la partie silencieuse à 10 minutes.
Ces trois façons de chanter différentes font référence à trois niveaux de méditation :
La voix normale - état de veille humain, le royaume terrestre, le monde
Le chuchotement - le désir d'appartenance
Le silence - le divin, l'infini

Une fois cette séquence de méditation terminée, inspirez profondément et expirez profondément, étirez vos bras le plus haut possible et écartez les doigts.
Continuez à vous étirer tout en respirant longuement, profondément et en vous détendant.

PREMIÈRE POSITION :
Mettez vos pouces en contact avec vos index et appuyez-les,
les uns contre les autres, tout en chantant
SA
(Infini)

DEUXIÈME POSITION :
Mettez vos pouces en contact avec vos majeurs et appuyez-les,
les uns contre les autres, tout en chantant
TA
(Vie)

TROISIÈME POSITION :
Mettez vos pouces en contact avec vos annulaires et appuyez-les,
les uns contre les autres, tout en chantant
NA
(Mort)

QUATRIÈME POSITION :
Mettez vos pouces en contact avec vos petits doigts et appuyez-les,
les uns contre les autres, tout en chantant
MA
(Réincarnation)

A PROPOS DE L'AUTEUR

SABRINA MESKO Ph.D.H. est l'auteur à succès international de "Healing Mudras - Yoga for your Hands" publié chez Random House. Son livre a atteint la cinquième place du classement dans la liste des best-sellers sur la santé, dans le Los Angeles Times et il est traduit en 14 langues. Sabrina a édité plus de 20 livres sur les mudras, la méditation, le yoga, et sur la santé mais a aussi produit puis dirigé la réalisation de son double DVD, finaliste des prix Visionary, et qui s'intitule : "Chakra Mudras".

Sabrina a étudié auprès du Maître Guru Maya, elle a aussi étudié des techniques de respiration de guérison auprès du Maître Sri Sri Ravi Shankar et a terminé un cursus de quatre ans d'études sur la technique Paramahansa Yogananda du Kriya Yoga. Elle est sortie diplômée du Yoga College en Inde, université internationalement reconnue, puis est devenue une thérapeute de yoga certifiée. Ensuite, un immense intérêt pour le pouvoir des gestes de la main – les mudras – et leur étude approfondie, a mené Sabrina au seul Maître de Tantra Blanc, qui lui a transmis les techniques sacrées des Mudras - le Yoga des mains, en lui confiant la responsabilité de diffuser cet ancien et puissant savoir dans le monde entier.

Sabrina détient une Licence en Approches Sensorielles de Guérison, une Maîtrise en Science Holistique et un Doctorat sur les Approches Anciennes et Modernes de la Guérison qu'elle a obtenu à l'Institut Américain de Théologie Holistique. Elle est certifiée par l'American Alternative Medical Association et l'American Holistic Health Association.

Sabrina est apparue dans le documentaire à propos des mains, sur la chaine de télévision The Discovery Channel, le Roseanne Show, CNBC News et de nombreux programmes de télévision *live* au niveau international. Ses articles et ses chroniques presse ont été publiées dans d'innombrables publications. Sabrina a animé sa propre émission de télévision hebdomadaire sur la santé, le bien-être et la médecine alternative. Elle est un membre exécutif de la Fédération Internationale du Yoga (World Yoga Council) et a dirigé des programmes approfondis pour la formation d'Enseignants en Yoga thérapie. Sabrina a également créé un prix international récompensant les Centres de SPA et de Bien-être, basé sur les critères de la conception architecturale, de l'équipement et de la sélection des produits, de la formation du personnel et de la signature unique de leurs soins SPA. Elle est une enseignante et une conférencière inspirante pour de larges publics dans le monde entier.
Ses spectateurs ressortent inspirés et grandis par son approche très dynamique et stimulante.

Pour plus d'informations concernant ses cours en ligne, sous sa supervision personnelle, pour la FORMATION DE PROFESSEUR DE MUDRAS et la MUDRA THERAPIE visitez son site web : **www.sabrinamesko.com**

www.ingramcontent.com/pod-product-compliance
Lightning Source LLC
Chambersburg PA
CBHW080556090426
42735CB00016B/3257